读者丛书

DUZHE CONGSHU

2017年主题出版重点出版物

社会主义核心价值观读本

平等的就是美丽的

读者丛书编辑组／编

读者出版传媒股份有限公司
甘 肃 人 民 出 版 社
甘肃·兰州

图书在版编目（C I P）数据

平等的就是美丽的 / 读者丛书编辑组编. -- 兰州 :
甘肃人民出版社, 2017.6（2024.12重印）
（读者丛书. 社会主义核心价值观读本）
ISBN 978-7-226-05159-7

Ⅰ. ①平… Ⅱ. ①读… Ⅲ. ①社会主义建设—价值论—中国—通俗读物 Ⅳ. ①D616-49

中国版本图书馆CIP数据核字(2017)第135458号

项目统筹：李树军　党晨飞
策划编辑：党晨飞
责任编辑：肖林霞
封面设计：装帧設計 Mobile:13693001197

平等的就是美丽的
PINGDENG DE JIUSHI MEILI DE
读者丛书编辑组　编
甘肃人民出版社出版发行
（730030　兰州市读者大道 568 号）
三河市富华印刷包装有限公司印刷
开本 710毫米×1000毫米　1/16　印张 15.75　插页 2　字数 230 千
2017年7月第1版　2024年12月第5次印刷
印数：37 016~42 015
ISBN 978-7-226-05159-7　定价：69.00元

引言

平等：活出精彩人生

追求平等自由是人类永恒的主题。人行动于天地之间，要求与他人一样享有平等的待遇，享受同等的权利，实在是再正常不过的事了，但正是人类社会存在的种种不平等现象，激发了人们对平等的渴望。

无论是古希腊哲学家柏拉图所描绘的“理想国”，还是欧洲启蒙运动反映现实社会的客观诉求，都把自由、平等作为社会应遵守的基本准则。

中华民族历来崇尚公平正义、追求自由平等。千百年来，从古代的孔子、孟子，到近现代的康有为、孙中山，中国的先贤们都不懈努力地追寻着一个理想的“大同社会”。《礼记》中这样阐述：“大道之行也，天下为公。选贤与能，讲信修睦。故人不独亲其亲，不独子其子，使老有所终，壮有所用，幼有所长，矜寡孤独废疾者皆有所养。”由于时代和阶级的局限，中国的先贤们没有真正找到通往“大同社会”的途径，但是，“不患寡而患不均”，建立大同社会的理想成为历代中国社会进步力量的思想根源所在。

中国共产党自走上历史舞台那天起，就把国家富强、民族振兴与广大人民追求“劳工神圣”、“阶级平等”等社会公正的群众性运动内在统一起来，把带领人民实现自由、平等写到自己的旗帜上，并为之而不懈奋斗。

改革开放以来，随着我国社会主义市场经济体制的不断完善和社会主义民主政治的深入发展，自由、平等观念日益深入人心。在中国特色社会主义的指引下，自由、平等成为广大人民群众更为迫切的利益诉求。

平等，是指人们在政治、经济、文化等方面享有同等的权利，主要包括权利平等、机会平等以及结果平等。社会主义核心价值观所倡导的“平等”，是通过平等的社会机制和价值引导，既保障公民个人享有平等的权利，也保障每个人基于社会贡献所要求得到的权利、利益和尊重，任何组织和个人都没有超越宪法和法律的特权。

环顾当今世界，人人平等已成为法律的基础，丧失了这一基础的法律就成为被强权利用的工具。从这种意义上讲，人类实现真正平等这一终极理想的征途还十分遥远。

社会主义核心价值观强调首先要实现社会平等，社会平等是社会和谐的基石，这就要求我们发挥社会主义的优势，解放和发展生产力，消灭剥削，消除两极分化，最终达到共同富裕。为了实现这样一个平等，一是要在制度上保障每一个劳动者的所得不会受到不合理的剥夺；二是要保证每个人平等地享有民主权利，使每个人的平等追求都能得到法律的保护；三是政府和社会需要建立一种机制，使每一个人享有接受平等教育的机会；四是在财富积累到一定程度后，通过调整税收制度对贫富差距进行政策性调整；五是要根除因非法收入而造成的不平等现象。

习近平总书记号召人们为实现中国梦而努力奋斗，他说，中国人民“共同享有人生出彩的机会，共同享有梦想成真的机会，共同享有同祖国和时代一起成长和进步的机会”。机会平等作为通往社会正义的路径和原则，在政治伦理的框架中占有基石般的重要地位。

从追求平等到分配正义，是实现政治文明的必然要求；从反腐倡廉到一系列制度建设，我们欣喜地看到，让每个人平等而有尊严地活着，已经为期不远了。

张北辰　执笔

读者丛书编辑组

2017 年 6 月

目 录
CONTENTS

公平的畅想

王建国

人间有各式各样的公平。例如机会均等，结果上的均等，起点上的均等，贡献上的均等，等等。然而这每一种均等，都有它不可克服的不公平的一面，并且带有一定的负面效果。机会均等，其结果就不会均等。就像买彩票，每人中奖的机会是均等的，但最终结果却只有少数人赢得巨款。市场经济的竞争是机会均等的，但结果却只产生少数富人。同时，机会均等的机会的性质与游戏规则有关，而游戏规则总是只对适用规则者有利。因此机会均等已包含不公平的一面。结果均等就绝对公平吗？也不！结果上的均等掩盖了贡献上的不均等，收入上的均等掩盖了成本上的不均等。投入不同成本的人得到相同的结果，这种均等也必然会影响人们的效率。那么起点上的均等又怎样呢？人们在同一个财富起点上起步，由于能力和机遇不同，在结果上就一定不会均等。因此这也不能说是真正的公平。贡献上的均等可看成多贡献多得，等贡献均得。其结果仍是不均等的。

人间的公平充满了不公平。那么来自上帝的公平又如何？

你富有吗？那么同一个感受便需更多的金钱才能获取。因此获取同一程度的幸福所需财富的公约数就大。你有 100 万元，一个单位的幸福便需花 1000 元，能获取 1000 单位的幸福。你有 1 万元，同一个单位的幸福只需花 10 元，你也能获取 1000 单位的幸福。上帝让你富有，但不会让你比别人更幸福。

你追求财富递增吗？那么上帝就让你的感受递减。你贫穷吗？上帝就让你的感受递增。福与富不可兼得。这难道不是上帝的绝对公平吗？

你只享受而不劳动吗？那么即使是山珍海味，吃起来也无味发腻，变得与粗茶淡饭并无差别。你劳动而缺乏享受吗？劳作而饥饿时，吃粗茶淡饭也如同人参燕窝。你贫穷而必须劳作吗？其结果是你因被迫“锻炼”，而获得了健旺、健康。你富有不劳作而整天锦衣玉食吗？过分的营养积在身体中便成疾成病损害你的健康。

享受与健康不可兼得；不劳与胃口不可兼得。这难道不是上帝的绝对公平吗？

你贫穷吗？上帝让你知足。你富有吗？上帝让你贪婪。你劳作吗？上帝给你胃口，让你健康。你享受吗？上帝让你乏味，给你肥胖。追求幸福者上帝让你感觉命短，遭受痛苦者上帝让你感觉寿长。

上帝的公平，是真正的公平，绝对的公平。在上帝面前，这才是人人平等啊！

（摘自四川人民出版社《人类理性的盲点》一书）

美好社会

薛　巍

美国经济学家约翰·加尔布雷斯在他的《美好社会——人类议程》中说，他在描绘美好社会时肯定会考虑可行性，不会去设想一个完美无缺但无法实现的社会。在考虑固定不变的制度建构和人性特征这两个限制因素之后，美好社会是这样的社会："在美好社会里，所有公民都必须有个人自由、基本的福利、种族和民族平等以及过一种有价值的生活的机会。"

加尔布雷斯说，因为金钱所购之物以及通常纯粹的获得钱财的愉悦也是美好社会必须接受的，但他反对消费主义："所有工业国家对消费型经济深信不疑——将用于消费的产品和服务当作人类满足和愉悦的主要来源，以及衡量社会成就最显著的标准。"

美好社会的本质是每个人都能过一种有价值的生活，发挥自己的才能，实现各自的目标和抱负，但人生目标不一定全都是追逐财富、地位和享乐。比如政府要保障就业，但有一些非老非残，也不缺少就业机会的人宁愿选择闲适，他们不愿意工作，对于这类人，也不能拿挨饿来制裁他们，而要予以宽容。

在加尔布雷斯看来，政府的职责是为每个人发挥潜能提供保障，比如保证他们都能受到良好的教育，至于追求什么样的幸福生活则是他们自己的事，所以国民幸福总值不是一个严肃的考察目标。

美国斯沃斯莫尔学院心理学教授巴里·施瓦兹坚持认为，国民幸福总值的提出是一大进步。他说，过去 10 年间，心理学家和其他领域的社会科学家对什么能使我们快乐了解到了很多。他们教导说，在丰裕社会，钱不像人们以为的那样能买到很多快乐。实际上，对解决了生存问题的人来说，钱能买到的东西非常少。比钱更有助于幸福的是：跟家人、朋友和社群的亲密关系；有意义的工作；安全(金融、工作和健康)；民主。

美国社会研究新学院教授西蒙·克里奇利指出，幸福是无法量化或测量的，它不能通过经验性的调查进行研究，因而不可能成为任何一门科学的具体研究对象。幸福是一种存在感，一种自足的、充满时间体验的状态。如卢梭所说："幸福并没有挂上一块招牌，要认识它，就得到幸福的人的内心中去寻求。但心满意足的情绪是可以从眼神、举止、口吻、步伐中看出来的，它仿佛还能感染捕捉到这种情绪的人。当你看到一大群人在节日里尽情欢乐，所有的人都心花怒放，流露出那穿透生活阴霾的喜悦时，难道还有什么比这更甘美的享受吗?"

亚里士多德认为，最幸福的生活是沉思的生活，最高的幸福存在于理性的运用，因为理性是人的本质。

这种沉思的生活显然不是一般人能经常体验到的，相比之下，卢梭在《漫步遐想录》中所说的幸福较为平民化：

"假如有这样一种境界，心灵无须瞻前顾后，就能找到它可以寄托、可以凝聚它全部力量的牢固的基础。时间对它来说已不起作用，现在这一时刻可以永远持续下去，既不显示出它的绵延，又不留下任何更替的痕迹；心中既无匮乏之感也无享受之感，既不觉苦也不觉乐，既无所求也无所惧，而只感到自己的存在，同时单凭这个感觉就足以充实我们的心灵。只要这种境界持续下去，处于这种境界的人就可以自称为幸福。这不是一种人们从生活乐趣中取得的不完全的、可怜的、相对的幸福，而是一种在心灵中不会留下空虚之感的充分的、完全的、圆满的幸福。”

（摘自《三联生活周刊》2009 年第 20 期）

没有比信仰更重要的事

橡　子

每一个时代都有它的愤怒。有些愤怒的积累是石破天惊的爆炸，而有些愤怒，累积久了，却是默默的悲哀。

例如对腐败官员的态度。

反腐败已经有很长时间了，腐败者的下场也足以为世人之鉴。但是，还是有那么多后来者，前仆后继，欲海沉浮。

面对他们的名字——有的也许就在你身边，面对他们沉没后的身世悲凉，我内心涌动的已不再是愤怒，而是悲哀，对人性的悲哀。

在所有腐败者的轨迹中，都能找到一个最基本的原点：心理不平衡。不平衡的表述有很多种，但内涵是一致的，就是“我得到的太少，我应该得到更多”。

“我做了那么大贡献，为什么得到的这么少？”

“年龄大了，再不捞点，退休就没人管了。”

“我帮某某赚了那么多，拿一点不行吗？”

“为什么别人都在占便宜，我就不能占一点？”

“过了这个村就没这个店了，干吗把好处留给后面的人？”

位置越高，权力越大，越不平衡。

我不想再去探讨权力来源的问题，制度反腐的问题，甚至也不想探讨哪些礼金合法、哪些不合法的问题。我只想把这些腐败者还原为最普通的人：当你进入“不平衡—满足—还不平衡—继续满足”的循环时，你真的快乐吗？你真的是需要那么多藏匿的存折和礼品才觉得心安吗？当你看看周围还有太多受苦的人，受难的人，受冤的人，受伤的人，受贬的人，难道只是因为他们的能力都不如你吗？你还有那么多吃亏的失落感吗？你可以不对生命、生活感恩，但你难道一点都不觉得，你已经是世界上的幸运儿了吗？

财富的“富”，不等于幸福的“福”。《圣经》里说：骆驼穿过针的眼，比财主进天堂还容易。金钱，即使源源不断，也解决不了人生最根本的问题。人生的目的和意义，是远比财富更重要、更在先的问题。

“1993—1994 年，什么都有的时候，心里很恐慌。出去排解，打高尔夫，开跑车，跟家人到荒岛度假，强装欢颜，却只能找到快乐，而找不到精神上的喜乐，其实好惨。”香港新鸿基地产的总经理郭炳江说。

“假如人生可以再活一次，我宁愿生命中没有金钱，而有目标。”美国当年的钢铁大王卡内基说。

究竟是什么在激励我们，去走完这不容易的一生？

不妨再一次倾听一下爱因斯坦式的答案——

“我们这些总有一死的人的命运多么奇特！我们每个人在这个世界上都只作一个短暂的逗留，目的何在，却无从知道。但是，不必深思，只要从日常生活中就可以明白：人是为别人而生存的。我每天上百次地提醒自己：我的精神生活和物质生活都是以别人（包括生者和死者）的劳动为基础的，我必须尽力以同样的分量来报偿我所领受了的和至今还在领受着的东西。我也相信，简单淳朴的生活，无论在身体上还是在精神上，对每个人都是有益的。”

叔本华说：“人虽然能够做他所想做的，但不能要他所想要的。”这句格言从我青年时代起就给了我真正的启示。在我自己和别人的生活面临困难的时候，它总是使我们得到安慰，并且是宽容的持续不断的源泉。

要追究一个人自己或一切生物生存的意义或目的，从客观的观点看来，我总觉得是愚蠢可笑的。可是每个人都有一些理想，这些理想决定着他的努力和判断的方向。就在这个意义上，我从来不把安逸和享乐看作生活目的本身——我把这种伦理基础叫做猪栏的理想。照亮我的道路的，是善、美和真。

人是通过为他人的服务（付出）而实现自己的价值的。人是通过对善、美和真的探求去发现自己的价值的。每个职业在本源上的价值意义就在于此：一个医生的价值是解除病人的痛苦，一个公务员的价值是为人民服务，一个教师的价值是教书育人，一个企业家的价值是以创新的方式服务消费者。至于每一种职务的分别，不过是在价值创造过程中所承担责任的分别。

可是，很多人考虑的不是价值，是价格。不是职责，是职位。他们把可以净化人生的谦卑的服务精神，把公众赋予的神圣责任，当成明的暗的商品去出售。似乎价格越高，人生就越有意义。

然而，问题再一次指向根本：这样做，你真的快乐吗？

古人说：心安是福。马丁·路德·金说：无愧的良心是床上最好的枕头。

是无休止地索取，还是不间断地付出，更能让你找到最好的枕头呢？

一念之差，却是生命的天壤之别。

良心、理想、信念、信仰，它们是如此的轻，不过是几个字；但是，它们又是如此的重，源于文化、教育，更系于内心的执著。

在这个 7 月，中国企业界发生了一件不算是大事的事，曾有“中国咨询业第一人”之称的麦肯锡北京公司董事长潘望博，离开了公司，到台湾传教去了。他要去三年。

在很多人看来，这样的选择不可理解。但是，一个知道自己精神使命的人，无论外人怎么看他，他的心灵都是自由的。

“教会唯一真正的财富，是教友的信心。”一个人真正的财富，是他的信仰和信念的力量。

贪腐者的生命，无论用多少的金钱去包装，都是让人悲哀的。

因为，他们忘记了：

一个家庭，没有比和睦更重要的事。

一个生命，没有比心灵的自由快乐更重要的事。

这个世界，没有比信仰更重要的事。

（摘自《南风窗》总第 243 期）

四通八达的社会

冯 磊

陶行知有一篇文章叫《创造一个四通八达的社会》，其中写道："我们生来此时，有一定使命。这使命就是运用我们全副精神，来挽回国家厄运，并创造一个可以安居乐业的社会交与后代。"那么，如何挽回"国家的厄运"呢？陶行知认为应该创造一个"四通八达"的社会，即"一方面要打通层层叠叠的横阶级。如贫富、贵贱，老爷小的、太太丫头等等，素来是不通声气的，我们要把他们沟通。又一方面，我们要把深沟坚垒的纵阶级打通"。

陶行知的观点，即使在今天，也有非常实际的意义。一个健康的社会，必然是一个十分通畅的社会。在这种社会中，平等作为一种前提尤其重要。如果我们的社会不能给每个成员提供一个相对均等的机会，那么这种社会里就会到处是怨气，就有玩火自焚的危险。陶行知所谓四通八达的社会，说到底是要建设一个良性互动的社会结构。这种各阶层、各群体之间的"横向"的与"纵向"的互动，应大致建立在个人能力、勤奋的基础之上，而不是以祖宗荫庇、父母保护为前提。

前不久，有知名学者撰文，谈自己早年求学的经历。他说，自己所处的那个时代，生活困苦自不必说。但是，凭借个人的苦读，是可以改变命运的。至于今天的农村孩子，就没有那么幸运了。

今天的农家子弟为什么就没有那么幸运？我想，这首先与知识的普及有关。25 年前在农村，一个孩子考上中专就是一件大事，但在今天，即使考上研究生也没有什么大不了的。社会安定带来的国民素质的提高，使得知识的普及成为现实。但是，这同时也意味着，在学科分工越来越细的今天，仅仅读个本科或者专科来应对社会的竞争，已经基本不占什么优势了。在这种前提下，农村孩子读完大学，要获得一份满意的工作或者说改变命运，就要难得多。而况对于贫苦人家的孩子来讲，与城市家庭相比，财力、人际关系的劣势绝非短期内可以改变的。

大约两个月前，媒体上曝出重庆近万名应届高中毕业生弃考的新闻。而在此之前，湖北也出现了大批农家子弟弃考的新闻。有分析认为，这是农村孩子与家长理性选择的结果。我想，假如这种理性是存在的，恐怕也多是出于无奈，这里面究竟包含着多少无奈和辛酸！中国是一个有着教育传统的国度，不惜一切代价通过上大学让孩子寻找出路，几乎是每个家长的梦想。但是，现在这个梦碎了。我甚至感到，长此以往，我们的大学里面恐怕就要出现这样一种景象：在高校里接受教育的，多数是城市的孩子；在学校的外面，农家子弟正挥汗如雨，为城市输入新的廉价劳动力。

简而言之，今天的社会若再不警惕，贫苦子弟通往上层的道路就有被封死的危险！

这恐怕才是最大的问题。

中国南北朝时期，汉人统治的江南，曾出现过士族和庶族对立的现象。这种现象的实质，就是将整个社会活生生撕裂开来，一分为二，然后指定一部分人成为合法的世袭治人者。

我想，这是任何一个有良知的人所不愿意看到的结果。

2003年，北京大学的“高等教育规模扩展与毕业生就业”课题组，曾经就全国高校毕业生的就业状况做过一个问卷调查。调查发现：父亲为行政管理人员、经理人员、专业技术人员的，其子女的工作落实率和升学率均高于平均水平；而父亲为农民、个体工商人员、商业服务人员以及离退休、无业、失业、半失业人员的，其子女的工作落实率和升学率均低于平均水平。行政管理人员子女的工作落实率要比农民子女高出约14个百分点。父亲的社会阶层越高，毕业生的平均起薪额也越高，父亲为农民者比父亲为行政管理人员和经理人员的毕业生，平均月收入分别少400元和300元。这一调查结果，曾经刊登在当年8月1日的《中国青年报》上。

读了，感觉触目惊心。

（摘自《杂文月刊》2009年8月上）

不解“民为贵”，难有“服务观”

张作锦

20 世纪 80 年代，我由台湾任职的机构派往纽约工作将近 10 年。1989 年首次回大陆探亲，在北京一家大百货公司里，想买件纪念品带给家人。那件货物放在玻璃橱里，我请店员小姐拿给我看。她问：“你买不买？”我说：“让我看看，合适我就买。”她板着脸说：“不买就不能看。”我为之愕然。

后来看到店里的墙上贴着一纸选拔“模范店员”的公告，候选人须具备好几项条件，其中之一是“不打骂顾客”。美国是一个高度商业化的国家，“顾客永远是对的”已深入社会人心。当我看到“不打骂顾客”是北京选拔“模范店员”的基本条件时，简直不能相信自己的眼睛。

20 年过去了，大陆惊天动地的改革进步，不必细说了，但在各行各业的服务上，仍有不少可叫人“挑剔”之处。退休后，我常来大陆居住。台湾很多人想回来长住，但人没有不生病的，一想到大陆的医疗服务品质，就有点担心。

在台湾，不论是哪家医院，要去看病，都可在一周前打电话预约。到了当天，根据你挂号的次序，在适当的时间到医院就行，不必早早去枯候。

医生对你望闻问切，如需要做心电图、超声波、照 X 光等，会开单子要你去做。等你做完了，回到医生那儿，这些诊断资料已经传输到医生的电脑中。医生在电脑上为你开药，处方你拿去缴费，副本已传至配药房。你缴完费，到取药处，你的药已经等着你了。即使在“尖峰时段”，你也不会等候很久。

我在北京曾到一家有名的中医院求诊，早晨 6 点赶去挂号已经算迟到了。其间排队、缴费、等候，种种折磨，不忍细话。终于拿到医生的处方，要排队送处方给配药处，再排队领药，再排队送煎。如果上午晚了，要下午甚至第二天才能煎好，你要等候或者再来。医生还给我开了三味成药，我要到两个窗口去领，当然都要排队。

我也曾在一位朋友的协助下，到北京一家顶级西医院看过病。排队是省了，但是那个“菜市场”的格局，仍然叫人心悸。

台湾大企业家王永庆在台湾各地分设医院，规模、设备和医术均为一流。他生前极希望在北京、上海投资医院，为大陆同胞服务，但均未成事实。台湾大医院如到大陆开业，不仅能促进大陆的医疗水平，也必能“带回”很多台湾居民到大陆长住，对两岸的和平与发展有益。

因为常来北京停留，不能不在银行开户。银行职员和顾客之间是用封闭的大玻璃窗隔开的，只在下方留一个进出钱的“小老鼠洞”，你要跟银行职员讲话，就必须“俯首帖耳”从那个小洞口与他沟通。银行为什么要这样防范呢？不就是怕你偷它抢它吗？存款人是他们的“衣食父母”，他们这样侮辱顾客不是很荒唐吗？

这样的银行，台湾也有，不过那是三四十年前的旧事了。今天客人和银行职员隔桌面对面坐着，只有平等才能让人感到亲切。如果你办的事较多较麻烦，则会请你去单间慢慢来。前些天我去北京一家银行办事，走完“老鼠洞程序”，抬头看到墙上挂着红布幅，上写“北京分行储蓄存款已突破 5000 亿”。对照他们“防范设备”所代表的经营心态与办事方法，其实只需拿出 5000 亿中的一点“毛毛雨”，用于改善服务，即可大大提升这家银行的美誉度。

这家银行已是世界大银行之一了，他们的高管必定去过欧美、港澳台地区，看到人家的银行是怎么做的，他们难道不想奋起直追、领先国内同侪？

现代国家的政府部门，与人民接触最多的应属户政机关。在台北市，进了户政事务所的门，服务人员立即笑脸相迎，问明来意，把你领到办事人员的桌前坐下，奉上香茶。你若行动不便，有轮椅伺候你。你年纪大了，忘记戴老花眼镜，他们备有各种度数的眼镜供你使用。办公室全部进入数字化，可以节省你的时间。

我因常来大陆短期居留，按规定要到管区派出所登记。第一次由朋友陪去，他和警员就发生了冲突，因对方语言、态度都不得体，把人民依法来办事看成是找他的麻烦一样。至于手续之无条理，时间之冗长，犹余事也。

我亲身感受的这些服务上的问题，其实都不难解决。像医院电话挂号，银行拆掉玻璃窗，简化户政机关办事程序，一道命令就可改了，比经济翻几番、建浦东、办奥运，容易多了。可见，是不为也，非不能也。而不为的受害对象，是13亿百姓。

“民为贵，社稷次之。”认识了民为贵，才能建立服务观念。如何让公私部门尽早而又普遍地建立服务观，要靠仁人志士集思广益，找出一条捷径来。

（摘自《南方周末》2010年9月23日）

说人天生不平等是错误的

石　勇

过去，在中国南方的山区里，有这样一个现象：劳动人民总是看上去比较羸弱，有时候，背着重物，几乎要被压趴在地上；而有闲阶层呢，则大多都长得高大、健壮。小的时候，目睹这种巨大的反差，天真的我突发奇想：劳动人民看上去多么可怜，为什么不是高大、健壮的有闲阶层去干这种重活呢？

儿时的这个想法，现在看来肯定要被人笑话，但不得不承认它包含着一种正义：这个社会应该照顾弱者。最弱的人却最苦，似乎有点不对劲。

一个朋友告诉我，这比他小时的想法差远了。那时他往返于县城和乡下，看到“城里人”吃得好，而“乡下人”因为贫穷，很难吃上一顿肉，竟然“逆天”地想：要是把城里人和乡下人换一换该多好，乡下人全到城市当城里人，过上美好的生活；城里人则全到乡下，体验一下当农民的滋味。至于是永久性地换，还是一年轮换一次，他没有去想。

从某种程度上来说，这种极端的（从而也是错误的）想法，颇像是某种政治哲学的激进主义版本，不可能被任何一种政治哲学理论忽略。

美国政治哲学家罗尔斯认为，一个人的优势、劣势地位，并不是他们应得的。他在《正义论》中写道："我们并不应得自己在自然天赋的分布中所占的地位，正如我们并不应得我们在社会中的最初出发点一样。"罗尔斯的意思是，你是高富帅，你是底层民众，你是天才，你是白痴，其实都只是一种运气——你并不就应该有好运气，而别人就活该倒霉。

那么既然都不是应得的，怎么办？罗尔斯的"正义原则"是：高富帅、天才们所做的事情，要有利于作为"最少受惠者"的底层民众、白痴们——更不用说富人需要对穷人进行补偿。因为，大家的得到或失去，都是从"社会体系"里来的，而在道德契约上，只有你答应了补偿"最少受惠者"们，他们才答应跟你进行"社会合作"——其实也是买安全，买"最少受惠者"们跟你合作的意愿。

罗尔斯的这个说法，极容易被很多人理解为是对"天生的不平等"进行矫正。是不是这个意思且不说，流行的"人天生就不平等"的说法，恰恰是一种错误。

高富帅出生在富人家庭，底层民众出生在穷人家庭；一个人有天赋，另一个人是白痴，是不平等吗（而且是天生的）？并不是。他们只是有社会差异、自然差异。这是不可能改变的客观事实，这并不叫不平等。但如果高富帅因为享受到政府提供的优质教育资源上了重点学校，或者他爸用钱让他上贵族学校，而底层民众只能在乡村破烂的学校上学，这就不平等了。换句话说，社会差异、自然差异如果受到了制度和家庭背景的强化，才算变成不平等。同理，一个人漂亮，另一个人丑，你就说两个人天生不平等，是可笑的——他们要在社会中受到不同的待遇才叫不平等。

但可惜，很多人，尤其是一个社会中的利益受损者往往会认为，人就是"天生不平等"。当一个人这样想时，他或者是激愤，或者是认命了。认命了就意味着默认现实秩序。激愤呢？大概就会想着"彼可取而代之"，而不是去想着改变分配权力、利益的制度，而只是盯着"取代"——就像我和朋友小时的想法一样，是一种小孩的思维。

于是，这个社会，有的东西根本就无法改变，无论过去了多少年。

（摘自《南风窗》2015 年第 22 期）

在心间播种公平

潘　炫

多年前，美国《幸福》杂志曾做过一个调查：在你和对手之间，你最希望得到什么？100 份问卷在一个月后返回了 99 份。结果，希望得到金钱、智慧和机遇三者的答卷竟各占三分之一！

究竟哪一个才是一个人与对手之间最希望得到的呢？有人提议去找那最后一份问卷。按照发送问卷时的地址记录，最后一份问卷很快就水落石出了。

答卷人是一位六十多岁的老人，当工作人员找到他并说明来意后，他却说："我真不知怎么回答。我刚开始创业时，仗着父亲的财力支持开了一家顾问公司，当时竞争激烈，我最强劲的对手又是久经沙场聪慧过人的老将，他们用钱贿赂了我的一名职员，我因此赔了一大笔钱，公司也被迫关门。后来，我去了父亲的酒店，不久就可以独当一面了。当时有一家酒店与我们势均力敌，为了打败对手，我听取了朋友的'计策'，使对手陷入了难堪的境地。可在随后的几年，酒店由于疏于管理，开始日益萧条……后来我又做过很多生意，打败对手时，我得意洋洋；失败后又沮丧懊恼，成功与失败总在我与对手之间重复地上演着。我真不知道，在我与对手的竞争中有什么可以让我永远立于不败之地。”他沉思片刻又说，“不过，我想起一件小时候的事，也许是我要找的答案——10岁那年，我跟一个同学比赛倒跑。一开始我就遥遥领先，他回过头对我说：你这样的速度会让我输得很惨。成就感冲昏了我，我看着他的背影，趁其不备，转过身，健步如飞地向前跑去，想把他落得更远……可就在我转过身准备恢复倒跑时，我看见他一边笨拙地倒跑着，一边惊愕地回头看着我……他看见了我的‘小动作’。本来我有99%的机会可以赢他，但多少年后他一直也不承认他输了。为此，我们争执了好多年，直到大学毕业断了联系”。

工作人员被老人的故事深深地吸引，于是动了帮老人找那个同学的念头，想看看那个同学现在还服不服输。半个月后，那个同学找到了，他仍趾高气扬地回答：我们的比赛是不公平的，所以我永远不服输！

50年了，那个同学仍然不服输，老人回去后，在问卷上写下两个字：公平！

《幸福》杂志便将金钱、智慧和机遇连同公平等答案公布出来，并把每一种答案的理由附在其后，让更多的读者来评定。在“公平”这一选择的后面当然附上了那个老人讲的故事。最后，杂志社收到了145封评比信，这些信选择的全是——公平。

（摘自《读写月报》2003年第9期）

平等的就是美丽的

赵 凝

光束异常耀眼，出现在屏幕上的是一个身材并不标准、肚子有些凸起、年纪也有些大了的但打起鼓来很有力的女鼓手，她一直走在镜头当中，与别的鼓手一边行进，一边敲打着挎在身体前面的鼓。他们敲打出了心跳的声音。那种颇具震撼力的心跳声，在雅典奥运会场上回荡。

这是第 28 届雅典奥运会开幕式上的一幕，那个身材不太标准的女鼓手再次出现在我的视线里，我忽然想到，以我们中国人的惯性思维，为什么这么重要的一个开幕式，在开幕式的第一场，这么重要的时刻，这么重要的位置，最先出现的却是一个上了年纪的、并不漂亮的女鼓手?

再看队伍里的其他鼓手，天啊，高的高，矮的矮，胖的胖，瘦的瘦，参差不齐，像是一支临时召集起来的军队，不限年龄长相，只要鼓打得好就成。与此同样情形的还有此届奥运会上的合唱团，我们看到的是一个个情绪饱满的歌者，而不是整齐划一的仪仗队一样的偶人。

无论是小学生还是成年人，你不能因为他长得太高、太胖、太老、太小、太瘦、太矮就剥夺他参加公开活动的权利。体育最根本的精神，就是平等和参与。每个人都有参加比赛或表演的权利，而雅典奥运会的开幕式，就充分体现了这种人人平等的精神。

那个长相并不漂亮的女鼓手，她一下一下敲打着胸前的鼓，神情是那样专注，仿佛人与鼓已融为一体。她聚精会神打鼓的样子十分打动我，她有一种独特的美。

几千年的“中庸思想”影响着中国人的审美，特别重视相同和一致，而往往忽略了独特之美。看美国西点军校的军人列队，高矮胖瘦黑白，他们排列在同一队伍里进行操练，显得很自然，并不像我们，永远要按大小个儿排列，就是一个班排队去吃饭，也得大个儿站前矮个儿站后。“中庸”就是没有特色，每个人都像千人一面的陶俑，看上去都差不多。

美究竟是什么？美不是“平均值”，美不是“相似体”，美就是独特，美就是不同寻常。而更重要的是平等的态度，给任何不同年龄、不同形象的人以同样的机会。

（摘自《北京纪事》2004 年第 9 期）

阅读让每个人平等地富有

莲　子

一天，在高贵华美的伦敦哈罗德百货公司门口，我看见一个60岁开外的流浪汉，坐在铺着毯子的墙根儿下，旁若无人地读小说。他叉开的两腿中间，躺着一只肥壮的黑狗。那硕大的狗非常乖，就那么静静地陪伴在那里。

几天后，在牛津街的塞尔弗里奇百货公司门口，我又看到了那位老人与狗。还是同样的情景，还是手持一卷孜孜不倦地阅读。我猜想，那书也许是他从旧书店淘来的。看老人恬然忘世，悠然自得，那一刻，我有一种莫名的感动。

于是，我开始刻意留心寻找。在伦敦的日子里，我每天乘着红色的双层巴士在大街上穿梭，每天都有新发现。一次，在皮卡迪利广场，我又看到读小说的乞丐。在慵懒的夕阳下，那乞丐穿戴齐整，神情自若地坐在马路旁，面前放着一个供路人扔硬币的碗。他把书放在碗旁的地面上，低着头，用手指指着页面，一行一行地读着。他读得那样认真，身边的车水马龙，周遭的一切喧嚣，似乎都不复存在，那是一种身心完全沉浸在书之世界的忘我。

你可能会说，英国人本来就爱读书看报，尤其爱读小说，这是众所周知的事实。

没错，以我所见，在伦敦的地铁里，读书看报的人更多。在巴士站，甚至在等车的那么一点点时间里，那些上班族也会从包里取出一本厚厚的小说，聚精会神地阅读。所以，在伦敦街头看到这样的场景，按说没什么值得大惊小怪的。

可是，当看到那些乞丐或坐或卧在街头认真地阅读，不管怎样落魄、怎样困顿都要读书，你还是不得不由衷地对他们肃然起敬。

阅读，让每一个人平等地获得精神富有的机会。

（摘自《家庭》2011 年 5 月上）

万米高空的人文主义

流　沙

万米高空，在一个密闭的飞行器内，注定会放大许许多多的人生细节。

一位重庆农民工，乘飞机从深圳到重庆，飞机起飞后，他对机舱内的一切东西都感到新奇。最后他来到洗手间，把门关上，久久没有出来。乘客们有些奇怪，这个人为何待在洗手间不肯出来。乘客们通知了空姐，空姐不断敲门，结果门打开后，里面伸出一双湿漉漉的手，一个声音传来："小姐，有没有飘柔？"原来，这位农民工是第一次乘坐飞机，他看到洗手间里有热水，突然想洗个澡。他对空姐说："咱工地上条件不好，没法洗澡，这里真不错，还有热水。"

在东航的一个航班上，一位空姐看到一位老汉紧紧抱着一个袋子坐在位子上。空姐向每位乘客派发食品和饮料，当派发到老汉时，老汉拒绝了。空姐有些奇怪，老汉说，这些食品和饮料是收费的，他没有钱来支付。原来，这老汉是去北京看望上大学的儿子，那袋子里是给儿子捎的红薯干。空姐对老汉解释机上的食物是免费的，并给了他一份。老汉说，他舍不得吃，要把这些食物带到北京，留给儿子吃。在长长的旅途中，老汉就饿着肚子，不肯享用那份饭菜。

在福州飞往青岛的一个航班上，一位妇女拿着一个保温盒紧张地坐着。空姐发现后，试着与她攀谈。那妇女说，保温盒里装的是馄饨，因为在青岛读书的儿子突然想吃妈妈做的馄饨，她思前想后，做好了馄饨买了飞机票给儿子送去。空姐以为妇女十分有钱，但妇女有些无奈地说，她是一位普通职员，这张飞机票，花了她一个月的工资。

最后再来看一个“奇闻”。

四川的一个网络论坛上，出现过这样一个帖子：一个自称学历、社会地位和收入都颇高的“小城律师”说，他至少乘坐过25次飞机。有一次，他乘飞机去海南度假，在机场遇到了几个农民，这些农民穿着不得体，也不认识机票上和机场电子屏幕上的英文字母，让机场服务人员无所适从。这些农民就站在“金发碧眼的洋人”面前，丢尽了中国人的脸面。这位“小城律师”还说，这些农民不知耻地拥挤在柜台周围，贪婪而好奇地向里面张望，全身的重量都支在胳膊上，活像三个吊死鬼。他们手里竟然只拿着飞机票。当服务人员请他们拿出身份证时，他们才好像从梦中醒来一样，手忙脚乱地乱摸一气。“小城律师”说，机场是一个国家的窗口，飞机也是高素质人士的交通工具，应该对这些素质低下的人士限乘。

第一个故事，让人心酸；第二个故事，让人心软；第三个故事，让人心痛；最后一个故事，真的让人愤怒了。

是的，只有相对富裕的人才能买得起机票，乘得起飞机。那些农民工、贫穷的农民、普通的母亲，是这个空间里的“另类”，但他们用自己的卑微告诉大家，这个世界正在缺失一种东西，而这种东西是这个社会万万不能缺失的，那就是——人文主义。

（摘自《太原日报》2007年10月8日）

人人都有最美丽的十年

凯瑟琳·奈特 / 译

上中学的时候我总是躲着她，因为她实在太漂亮了，跟她相比，我自惭形秽。二十年以后见到这位老同学，我只能用一个词来形容她——相貌平平，岁月已经将她昔日的美貌磨蚀殆尽。

毋庸讳言，我现在看起来却比十八岁时强多了。事实上，步入中年的我比所谓风华正茂时的我更为自信，并不是我喜欢眼角隐隐开始出现的鱼尾纹，而是我现在能够处之泰然。无论是跟十多岁还是二十多岁时相比，我都变得更加漂亮了。

每个人都会有十年时间是你处于人生最佳状态的时期，只不过它未必是你想当然以为的那个十年。有的人十八岁时像公主，有的人则到了五十岁时仪态万方。

我们都知道，有些人早在二十多岁甚至十多岁就过完了花样年华。以小甜甜布兰妮为例：十七岁时，她是青春靓丽的写照；十八九岁时，她的确比其他任何女明星都更让男人神魂颠倒；如今到了二十四岁，她已花容凋零，似乎更多时候是在院子里推着婴儿车而不是在咖啡厅里浅啜低饮。

相比之下，十五年前谁会料到二十六岁的萨拉·杰西卡·帕克日后会成为别具一格的偶像？当年她不过是一个跑龙套的普通演员，直到三十多岁才开始散发出由内而外的魅力。像她这样的女人数不胜数。这些女人向我们证明：三十岁并不是美丽的终结点。

那么，是什么决定着你的黄金时期呢？一个人的美貌并不完全是天生的，有的女人越长越漂亮，未必是像故事中所讲的丑小鸭变白天鹅，而是因为年龄和自信赋予她们独特的韵味。

不管年龄大小，自信能成就也能毁掉一个女人的美貌。在化妆师耶玛·基德看来，正是这一品质导致成年女性之间出现差异。“三四十岁的女人是最美的，自信使她们绽放异彩……如今许多女人到了四十多岁才渐入佳境。”

这些人有家庭主妇，也有商界大腕，她们是一支蔚为壮观的消费大军。同二十年前相比，她们大多已不太注重外表，而这恰恰增添了她们的魅力。这种女人往往领悟了一个至关重要的美容秘诀，那就是坦然接受——优雅地面对岁月的流逝而不丧失自我，她们不像有的人那样千方百计地想永葆十八岁时的容颜。

最美的十年难以预料，运气好的话，你一生可以不止有一个。有的女人在二十多岁时如花似玉，三四十岁时因家庭和事业的双重压力而面容憔悴，到了五十多岁再次焕发青春活力。还有的人（比如麦当娜）连续三个十年都充满性感。朱莉·克里斯蒂的美丽则持续了半个世纪。

多数人通常只有一个这样的十年。还没有得到它的人应当感到欣慰，认为它已经来过的人也不必失落，你的黄金时期也许会在你最意想不到的时候再度来临。

（摘自《参考消息》2006 年 11 月 22 日）

没有什么比它更客观

张 翔

在德国汉堡的分公司正式上班的第二天，我就迟到了，黑色幽默般触犯了前一天刚刚学习过的规章制度。

单位是早上 9 点上班。那天，我 7 点就起床了，然后慎重地打理了一下自己的形象，并在餐馆吃了一些乏味的早点，接着就在餐厅里看了一会儿英文早报。在 8 点整的时候我才出门打车上班，因为同事提醒我，去得太早会让门卫尴尬的。

一切似乎都按计划进行着。在汉堡整洁的街道上，我被温暖的阳光照得心情舒畅。

但是当汽车行至汉堡市中心街区的一条马路上时，忽然停了下来。我心想，大概是遇上红灯了吧，侧头看去，果真遇到了红灯。等了几分钟后，不但不见司机发动汽车，反而看见司机抽出报纸悠然地看了起来。

我颇为困惑，于是问他为什么这么久还不开车。他摊开手说："对不起，先生，前面还是红灯。”我探头看去，果真是这样，红灯在亮了这么久之后居然还没有变！前面的汽车也都停着，没有任何的动静。

我继续问：“怎么会这样，红灯能亮这么久吗?”

司机只是淡淡地说：“对不起，我也不知道，大概是指示灯的系统出了问题吧。或许很快就好了!”回答完后，他继续看报，仿佛什么都没有发生一样。

大概等了 15 分钟，交通指示灯依旧红着。我焦急地看着时间流逝，心想：我正式上班的第二天就迟到，肯定会给我以后的工作带来麻烦。看着前面的十字路口分明车辆稀少，于是就对司机建议说：“既然是指示灯坏了，我想开过去也应该没有问题的。”司机一听，立即摇头说：“这样不行的，会违反交通规则，我们还是等等吧。”

我一听，只好无奈地摇头。摇头间，看到反方向的大道上，因为前面是红灯，所以根本没有汽车行驶，于是我就想从马路上掉头往反方向绕一下。我再次提醒司机说：“我们绕过去行吗？反正没有车。”

司机一听，马上扭头看着我，严肃地说：“这样我会吃罚单、遭遇控告的，这样做真的不行!”

我终于受不了德国人的死板了，于是直接问他一句：“我从这里下车总可以了吧?”

没想到他却依旧固执地说：“先生，请冷静，这里没有人行道，根本不能让乘客下车。如果在这里让您下车，我会很不幸地遭到处罚的。”说着，他将手上的报纸递给我，“您还是先看看早报吧!”

听完这话，我整个人像泄了气的皮球一样瘫在车座上——我哪还有什么心思看报纸呀！遇到如此固执的德国人，也只有眼睁睁地看着时间流逝，想着如何去应对老总的责罚了。

直到 20 多分钟之后，红灯才终于被绿灯代替。交通广播里响起了交通警察的声音，说正前方的街上出了一起交通事故，为了给清理道路留出时间，避免更多的危险发生，他们只好让附近几条街道上的汽车在红灯前煎熬 20 多分钟了。而我也就因为这个似乎与自己不相干的交通事故而迟到了。

迟到了的我匆匆赶到公司，便一头扎进老总的办公室，向他解释我迟到的缘由。老总耐心地听我说完之后，拍拍我的肩膀表示理解，然后叫我跟他的秘书苏莎去处理这件事情。秘书领我来到秘书室，毫不犹豫地将处罚单交给了我，并解释说，布朗先生很理解你的遭遇，但是他让我提醒你：没有什么比制度更加客观，所以公司的处罚还是要执行，希望你能理解。我知道这对布朗先生来说已经是婉约之举了，只好点头称是，并表示了感谢。

之后，老总也没有再提起这件事情，仿佛什么也没发生过。但是那句“没有什么比制度更加客观”的话依旧在我的耳边回荡，这句话也让我对出租车司机的固执释怀了。

（摘自《读者》2009 年第 22 期）

不上市的跨国公司

游 游

这是一家美国的跨国公司，目前，它在全球 65 个国家设有 215 个分支机构，产品年销售额超过 210 亿美元。但是，下面的事你绝对想象不到。

这家公司所有的员工都用“同事”相称，高层们也没有好听的头衔，因为他们觉得，区别最小化才像是一家人。

这“家”里所有的人，每天都要打卡，准时打卡的同事会得到当日工资 10% 的奖金。平等是家庭和谐最坚实的基础，他们这样想并这样做。

公司里的每一位员工都会得到相同的安全保障配置。不管是营运计划还是福利及工资结构的信息，都会传达给每一位员工。因为这是他们“知道的权利”。

公司没有固定的停车位，没有主管配车，必要时一律使用公务车。因为他们懂得勤俭持“家”与奋力“打天下”一样重要。

公司里的员工无一例外，都没有助手、秘书，每个人都自己接电话，自己复印。因为挽起袖子动手实干，不仅是一种能力，也是一种品质。

没有高层人员专用餐厅，没有人有单独的办公室。因为他们要确保每一个人都有机会在任何时候、与公司的任何一位成员讨论问题。作为同事，他们不希望有任何原因阻止他们彼此直接进行交流。

办公室里，当手写的记录可作备份或打电话就能解决时，他们便不用打印的备忘录。因为，他们的强项是“效率”——一种使他们所有的资产达到最大化的生产力及最少的浪费的能力，这样他们才能以最低成本生产出产品。

虽然实际规模巨大，他们却坚持不上市。所以，他们失去了冲击财富500强、向世人显示实力的机会。但是这也使得他们可以享有更多自由，因为他们不需要对任何股东负责，做决定时不受股东的羁绊。这也可以让那些能长期获益的投资计划得以推行，而不让那种追求短期利润的投资者来左右公司的前途。所以，尽管拥有庞大的业务，公司却仍然为私人所拥有，这使得它成为全球最大的私有企业之一。

这家跨国公司就是“玛氏”，自创立以来，无论在美国本土还是在全球市场，都是巧克力行业当之无愧的霸主。在中国，它拥有德芙、士力架、彩虹糖等糖果巧克力品牌和宝路、伟嘉等宠物护理品牌。

凭借低调、务实的工作态度，“玛氏”公司成就了一段传奇。

（摘自《莫愁》2008年10月中）

这是一个值得一活的年代

秦　朔

一

两年多前，英国《卫报》刊登了一篇文章，题目是《如果20世纪止于1989年，那么21世纪则始于1978年》。1989年，柏林墙倒塌，冷战结束，是全球化真正开始的年头。而1978年呢？作者马丁·雅克写道："1978年是邓小平在中国实行改革开放的年份，这开启了一个长达1/4世纪之久、年均两位数经济增长率的年代，中国经济也得以转型……1978年，一个社会主义国家开始从平均主义向市场经济迈出了尝试性的一步。它创造了一个完全不同的历史……中国的转变已经使世界的重心东移。"

马丁·雅克预言说，在新的世纪，"权力中心不再仅仅位于西方，历史也不再以西方角度续写。我们将越来越熟悉中国的影响、历史、价值观、态度和观点，也许这一切就在不远的未来”。

二

2008 年是中国改革开放 30 周年。此刻，如果我只能选择一个理由，来说明我们时代变迁的伟大，我会说——在中国的历史上，这是第一次，让每个人都有自由去选择改变自己的命运，而且只要努力，只要坚持，每个人都可以改变自己，只是程度不同而已。

每一个民族都有自己的梦想，而所有的梦想都和自由、机会、奋斗、坎坷、收获、富足、尊严相关。从这一点上说，中国梦确实没有什么特别。但令我们骄傲的是，这 30 年的中国梦，覆盖了人类历史上最多的人口，让他们梦想成真；这 30 年的中国梦，是在与世界相融合的开放进程中实现的，每个铸梦为实的人都可以在全球化的视野里，体验自然的美妙、艺术的神奇和现代的文明，体会作为一个生灵可以感知到的越来越广的空间尺度；这 30 年的中国梦，由于中国经济的持续增长，成为全球引擎的大背景，使得中国许多行业的成功者，已经具备了在世界同行中的领先优势；最后，这 30 年的中国梦，是中国从一个封闭保守的经济体向一个开放进取的经济体转型的过程。我们目睹了这一转型，并将在十几年、二十年后亲眼看到中国成为全球最大的经济体。也正是在过去的 30 年中，中国真正展开了“数千年未遇之变局”的深刻变革。这个历史性的文明变迁，既有三峡之险峻，又有壶口之壮阔，既有千回百转的挑战，更有无限风光的奇伟。

我们就在这样的一个年代，生于斯，长于斯，奋斗于斯，充盈于斯。

三

很长时间以来，我一直试图理解国富国穷、民富民穷的奥秘。这个答案可以很复杂很学术，也可以很简单很朴素。我是在哈佛大学的一位历史学教授戴维·S·

兰德斯 1998 年所写的《国富国穷》一书中找到这个朴素的答案的。虽然，他写的是香港。

我还记得 20 多年前我头一次到香港时的一件事：一天晚上，我从旅馆外出，路过一家挤在楼梯底下的小照相器材店。我只是随便瞅了一眼，那店主便马上问我要点什么。我原本不想买什么，经他一问，我想起我可能还要用一个特殊的镜头。他失望地说店里没有，但又热心地说，如果我过一会儿回来，他会弄到一个给我。我告诉他，我是去参加一个晚宴，最早也要等到午夜以后才能回来。“别担心，”他说，“你回来，我拿镜头给你。”到了半夜，我回到旅馆房间，想起镜头的事，但是我又困又累，心想那人也许不会等了，何必再浪费时间。然而我又一转念，不能说话不算话，就再去那个小店，果然发现店门还开着，那个人还在，于是他把镜头交给了我。倘若店主是美国人或欧洲人，谁会这样做？

正是这个小小的细节，让兰德斯领悟到，华人勤劳的美德和“知道自己是谁，也能与人合作”的精神，是华人在商业上取得成功的要因。他指出，这是一种“民族的胜利，文化的胜利”。

读到这个普普通通的小故事的时候，我突然想到：其实，就在内地，就在我们身边，每一天，每一刻，无数人，无数事，不都在经历着类似的事情、传达着类似的信息吗？他们愿意付出，为别人也为自己；他们不怕艰辛，不避劳苦，是为着更美好的生活，不管多漫长，无论多曲折，目标终可寻，理想终可达。

我看到我的兄弟姐妹，我看到我的同窗好友，我看到我的合作伙伴，我看到我的工作同事，我看到街上的匆匆行人，我看到工厂流水线上的农民工，我看到最佳的商业领袖，我看到大学生求知的眼睛……我和你，我们中的每一个，中国人中的每一个。在这个时代，当我们用心去看、用心去听时，我们看到的是太多求索的翅膀，追求事业成就、家庭幸福和人生升华；我们听到的是太多奋斗的足音，忍受、坚持、无所畏惧、发光发热，还有善良、节俭、谦让、懂得积累、重视教育……

这就是中国奇迹的答案，诚如思想大师哈耶克的论断，一个生机勃勃的社会，它的制度的基本原理就是鼓励一切个体在一切可能的方向上探索。

四

对中国来说，2008 年不是轻歌曼舞的一年，外部和内部，遭遇了许许多多意料之中和意料之外的挑战。尤其是一场波及世界的金融海啸，更让无数人担忧：这是不是又一个大萧条？

有不少人问我：中国经济是不是要走下坡路？黄金岁月是不是已经结束？

我的答案：不是。中国经济增长的动力并未衰竭，无论是新型工业化的动力，还是“再城市化”的动力，以及内需的动力。

全球经济的历史证明，经济发展中最重要的资本是人力资本，它是经济增长的长期动力。而中国的人力资本，数量固然庞大，质量的提高更十分明显。只要中国继续坚持改革，创造出更具可预见性、更开放、交易成本更低的政策环境与制度环境，更充分地调动人的积极性、创造性，中国人力资本的提升以及相应的劳动生产率的提升，都将是一个确定的趋势，这也是中国在全球竞争中的基石。我坚信，中国的伟大源于人的伟大。勤劳、肯干、不骄狂、不自满、不断学习、不断自我超越的中国人必将造就一个伟大的文明国家。

至于眼下，在全球经济调整和中国经济转型的时期，也许面临的困难会多一些，时间也会久一些。可是，想一想过去的 30 年吧，逆境和顺境不也是经常相伴吗？而每一次挑战和逆境，不都是促进改革深化、实现新的飞跃的契机吗？俄罗斯的伟大科学家罗蒙诺索夫在《关于热和冷的原因之探索》中写道：“我们摩擦冻僵了的双手，手便暖和起来；我们敲击冰冷的石块，石块能发出火光；我们用锤子不断地锤击铁块，铁块也可以热到发红。”

不少人深深忧虑于美国金融风暴带来的全球经济走向的不确定，但是放在一个更大的视野里看，经过一段时间的调整，人类总体的消费需求还是会增长，全球经济的产出和贸易的规模也仍然会增长。对中国来说，真正的问题在于，我们能否在这个“我中有你，你中有我，我离不开你，你离不开我”的全球经济格局中建立更有力的地位，能否在继续发挥劳动力成本优势的同时，更聪明、更清洁、更具创新性地开展生产活动，创造更高价值的产品与服务，创建理性的、可持续的繁荣。如果是这样，中国就将真正开启从庞大经济体到强大经济体、从全球经济分工的“追随型参与者”到“战略型参与者”乃至“领导型参与者”的伟大转型。

在新的历史起点上，在种种挑战与危机中，潜伏着新的伟大机遇。从某种意义上说，这种机遇并不亚于改革开放30年的机遇。因为它是全球性的机遇，是中国对全球经济和文化作出更大贡献的机遇。

苏格拉底说：“未经省察的人生没有价值。”回望30年，也许不是最美好的年代——因为明天更美好，但我要说，这是一个值得一活的年代。我们奋斗过，奋斗着，我们从奋斗中赢得的果实多过父辈，我们在奋斗中的矛盾与伤痛超逾子孙。我为这种体验而骄傲，我为活在一个值得一活的年代而骄傲。

（摘自《读者》2008年第24期）

平等的尊严

玲　珑

新房装修，水电管道改造好之后，便进入贴厨房和卫生间瓷砖的工序，大概需要 10 天。

负责贴瓷砖的韩师傅，40 岁左右，高高的个儿，略黑的皮肤，活儿很熟练，话不太多。干累了，他就在阳台上抽支烟。给韩师傅打下手的是他的妻子，一个略略瘦削、面容朴素的农村妇女，干活时，帮韩师傅递瓷砖或和水泥。

干到第三天的时候，老公想表示一下心意，也是为了让韩师傅更加负责，决定请韩师傅和他的妻子在一家较有档次的酒店吃顿饭。

前一天下午我们告诉韩师傅，他本能地拒绝，让我们不要客气，说这是他的工作，他会尽职尽责的。后来看我们真心实意并一再坚持，他答应了。

酒店就在新房的对面。第二天中午，我和老公早早过去点了饭菜，约定的时间内，韩师傅两口子也过来了。看到他们，我略感意外：韩师傅穿了一件白 T 恤，深色的长裤，非常干净整洁；他的妻子也换了彩色的上衣。干活时，夫妻俩都穿那种深蓝色帆布工作服，由于工作的性质，他们的衣服上沾满尘土和水泥。显然，现在这身衣服是他们为了来吃饭刻意换上的，并且，韩师傅的头发刚刚清洗过，还没有干彻底，散发出淡淡的洗发水的清香。

他们进到装修豪华的包间，并没有显得局促。韩师傅只说你们太客气了，接着给妻子拉开椅子，让她坐下，然后自己也落座——很绅士的举动。

随后的进餐中，韩师傅没有再说什么明显客气的话，神情里，带着既来之则安之的坦然。他虽然话不太多，但每句话都大方得体，说起自己乡下的家、孩子、多年打工的经历。他说他不到20岁就出来了，什么杂活都做过，后来学会了贴瓷砖，一干就是这么多年……口气里，没有丝毫自卑，只是在平淡地讲述一种不同于我们的生活方式和经历。

吃过饭，我送韩师傅回去，顺便看看装修进展。我看到正在装修的杂乱的房间一角，放着干净的毛巾、洗发水。韩师傅的妻子说，韩师傅干完活就用凉水洗了头发，不想出去洗头耽搁时间，但是一定要洗得干干净净再去吃饭。

说话的时候，韩师傅已经在另外的房间换上工作服，然后开始干活了。工作中的韩师傅不再说话，专心细致。

我不再打扰他们，同他们夫妻告别。韩师傅的妻子将我送到门口说："谢谢你们!"

我摇头，是我该谢谢他们！因为他们让我知道，不管从事什么职业，不管出身如何，我们的尊严是平等的。而我也知道，韩师傅那样正式地去赴那场小小的宴会，并不是自卑，而是对我们、对自己的尊重。

一个人，尊重别人并尊重自己，他的尊严就足够高贵。

（摘自《家庭主妇报》2012年7月10日）

人人皆可为国王

梁 衡

说到权力和享受，国王可算是一国之最。普天之下，莫非王土，一国之财任其索用，一国之民任其役使。所以古往今来王位就成了很多人追求的目标，国王生活的状态也成了一般人追求的最高标准。

但是不要忘了一句俗话：尺有所短，寸有所长。虽然大有大的好处，但它却不能占尽全部的风光。比如，同是长度单位，以“里”去量路程可以，去量房屋之大小则不成；以“尺”去量房间大小可以，去量一本书甚至一张纸的厚薄则难为了它。同是观察工具，望远镜可以观数里、数十里之外，看微生物则不行，这时挥洒自如的是显微镜。以人而论，权大位显，如王如皇者亦有他的局限，比如他就不能享村夫之乐、平民之趣。《红楼梦》里凤姐说得好，“大有大的难处”。而《西游记》里孙悟空就懂得小有小的好处，钻到铁扇公主肚子里去成大事。就是在君主制度的社会里，王位也不是所有人的选择。明代仁宗皇帝的第六世孙朱载堉，就曾7次上疏，终于辞掉了自己的爵位。他一生潜心研究音乐和数学，他发现的“十二平均律”传到西方后，对欧洲音乐产生了巨大影响。对量子理论作出贡献的法国人德布罗意也出身于公爵世家，但他不要锦衣美食，终于在科学史上占有一席之地。据说现在的荷兰女王也很为继承人发愁，因为她的三个子女对王位都不感兴趣。

在现代社会里，特别是在市场经济的运行规律下，人们的利益取向、价值取向和实现途径都变得多元化了。每一个成功者都可以享受高呼万岁式的崇敬，享受鲜花和红地毯。社会有许许多多的“国王”在各自不同的王国里尽享着自己臣民的膜拜。你看歌星、球星是追星族的国王；作家、画家是他欣赏者的国王；学者、教授是他学术领域内的国王；幼儿园的阿姨、小学校的教师整天享受着孩子们的拥戴，也俨然如王——孩子王。就是牧羊人，在蓝天白云下长鞭一甩，引吭高歌，也有天地间唯我独尊的国王感。

事物总是有两面性，有所不为才能有所为；失之东隅，收之桑榆；塞翁失马，焉知非福。每个人只要努力都能得到一种王者的回报。当一个人壮志难酬或怀才不遇时，这大约是人生最低潮最无奈的时期吧。但就是在这种状态下，他仍然会有追随者，仍然可以为王。北宋时的柳永，宋仁宗不喜欢他，几次考试不第，连个做臣子的资格也拿不到，他只好去当“民”。但是在歌楼妓院、勾栏瓦肆的王国里他成了国王——词王，“凡有井水处即能歌柳词”，可见他这个王国有多大。林则徐被清政府贬到新疆伊犁，但就是这样一个“钦犯”，沿途官民却争相拜迎，泪洒长亭，赠衣赠食，争睹尊容。到住地后人们又去慰问，去求字，以至于待写的宣纸堆积如山。在人格王国里林则徐被推举为王。

在日常生活中更是人人可以为王。我看过一场演唱会，那歌手也没有什么名，但当时着实有王者风范，台下的女孩子毫不羞涩地高喊“我爱你”，演唱结束，歌迷就冲到台上要签名、要拥抱。一次爬香山，在山脚下一位年轻人用草编成蚂蚱、小鹿之类的小动物，插满一担，惹得小孩子和家长围成几层厚厚的圆圈，很有拥兵自重的威风。等到登上半山时，又见许多人挤在一起围观，一个老者在玩三节棍，两手各持一节细棍，将那第三节不停地上下翻挑，做出各种花样，人们越是喝彩他越是得意。在这个山坡上临时组建的三节棍小王国里，他就是国王。

国王的精神享受有三：一是有成就感，二是有自由度，三是有追随者。只要做到这三点，不管你是白金汉宫里的英国女王，还是拉着小提琴的街头艺术家，在精神上都能得到同样的满足。要做到这一点并不难，只要诚实、勤奋就行——因为你虽没有王业之成，大小总有事业之成；虽没有权的自由，但有身心的自由；虽没有臣民追随，但一定有朋友、有人缘，也可能还有崇拜者，“天下谁人不识君”。所以人人皆可为国王，谁也不用自卑，谁也不要骄傲。

（摘自《光明日报》2007 年 1 月 19 日）

人类要把其他生命当作朋友

清　早

人是万物之灵，是生命最高的形式，是地球上万物的主宰——难道这还是个问题吗？

然而，在国外这些年的所见所闻，让我对这个问题有了越来越多的思考。而引起这类思考的都是一些平平常常、不经意中的所见所闻。

我忘不了一个夏日的黄昏，天空乌云密布，风雨欲来。瑞士日内瓦湖畔石子小路上，游人寥寥无几。湖畔乱石滩上有一只孤独的天鹅在卧巢孵卵。它在此静卧已有好几天了。每天散步的游人都会关切地远远注视着它，或者默默地在不远的石头上放下几片面包、一把玉米粒，和天鹅一起静静地等待它孩子的诞生。

忽然，天空骤变，黑云奔腾翻滚，湖水也呼应着掀起了波浪，一场暴雨即将来临。游人纷纷躲避，只有那只天鹅仍默默地坚守在乱石滩上一动不动。这时我看到一个七八岁的男孩，手里拿着一件雨衣，在湖畔的小路上担心地望着不远处的天鹅。风吹乱了他软软的头发，他眼中充满焦虑，他是想去为天鹅遮雨，又为担心会打扰它而踌躇。这让我深深地感动。日内瓦湖畔苍凉云天之下孤独的天鹅，和它身边不敢靠近的小小守卫者，就像一幅动人的油画，从此深深地印在我的脑海之中。

如果说湖畔天鹅和小守卫者的画面过于忧郁，那么另一幅人与动物的图画则带有浓郁的喜剧色彩。

那是在加拿大魁北克一个自然公园，一条窄窄的沥青小路在方圆几十公里的山峦间蜿蜒盘旋，穿过郁郁葱葱的山林，串起一个个大大小小的湖泊。我驱车前行，忽然，前方路旁的树林里走出了一只褐色的凤头山鸡，它的身后跟着四五只小绒团儿似的鸡雏，摇摇摆摆好像是要穿过公路到对面的树林里去。这一家子山鸡的突然出现，使我和对面开来的两辆车都停了下来。为了不打扰它们，大家都安静地坐在车里不动，等待这小小的一队横过公路。谁知这位山鸡妈妈并不领情，它显然被这些打扰它们的铁皮怪物所激怒，于是母性大发，顿时摆出一副为自己的孩子拼命的架势，它先发了一声信号，令小鸡们调头奔回树林，然后只身冲上公路中央，怒发冲冠，浑身羽毛倒竖，冲着两边的汽车发出挑战的咕咕声，左冲右突。对面车上的小伙子被山鸡的无名火弄得哭笑不得，进退两难，只好开门下车，躬着腰，以日本人的 90 度大礼好不容易把山鸡请下了路面，把自己的车开了过去。谁知这位鸡妈妈得礼不饶人，又重新冲回公路上，以更大的愤怒向着第二辆已经启动的汽车扑了过去，一副誓与汽车拼个你死我活的架势。驾车人被英勇冲过来的山鸡妈妈吓了一大跳，急打方向盘躲避，竟差点儿翻下路沟。我在一旁被这场“鸡车大战”吓得目瞪口呆，竟忘了掏出相机拍摄一张难得的照片，事后为此整整遗憾了一天。

另一次公路遇险是在夜晚，加拿大西部落基山一国家公园。

几天来落基山的壮丽景色让我废寝忘食，驱车飞驰在雄伟的大山和壮丽的冰川之间，每每到夜幕降临尚未考虑投宿何处。这天又是晚上十一点多了，除了车灯照射下的有限路面，车窗外的大山只剩下巨大的黑影，两侧树林也成了模模糊糊一片，路上很久不见任何车辆了。忽然我看到前方公路上停着一辆车，似乎车前有两个人蹲在那儿忙着什么。我的心一下子提了起来：出了交通事故，有人伤亡！我减慢车速，停在旁边一看，原来是一只横过公路的野鹿，可能是被突然而至的车灯晃了眼睛，惊慌失措愣在了路中央。那辆车刹车不及一下子撞了上去，鹿不幸被撞伤，倒在路上。那两个开车人一个正手忙脚乱地给鹿包扎伤口，另一个则急得团团转，不知在这深更半夜，前不着村后不着店的大山里去何处找急救站。都是远方的游客，人生地不熟，又都是正急匆匆赶去夜宿的过路者。深夜，在这茫茫无人的山野，一只受伤的野鹿却拖住了行色匆匆的夜归人的步伐，牵住了他们的心。他们不知前方多远才有村镇，只知几十公里外来的路上曾见到一个小镇。于是，他们将伤鹿抬上车，调转车头，向来路疾驶而去。

一只半人多高的鹿无疑是一条不可忽视的生命，但那些随处可见、渺小得如同草芥的虫蚁的生命同样受到了人类的尊重。

在一次阿尔卑斯山的远足中，我无意中走入了一处位于两千多米高山上的少年夏令营。营地坐落于一片疏密适中的森林中。巨大的百年老树像一把把撑开的绿伞，遮掩着孩子们在林间空地上支起的帐篷。那些十四五岁的男孩子有的在树荫下嬉戏，有的安静地坐在帐篷外的枯木干上聊天，轻松悠闲，犹如置身世外桃源。令我惊奇的是，就在这生活着二三十个活泼好动的男孩子的夏令营里，竟赫然存在着五六个直径一米有余、高半米多的巨大蚁穴！它们散落在树林里，由细小的松枝、树皮碎屑和腐殖土堆成，数不清的蚂蚁忙忙碌碌，在蚁穴堆上进进出出，在自己几十年聚沙成塔般建立起的家园中，不受外界干扰地过着自己的日子。我是第一次见到如此巨大和集中的蚁穴，自然惊奇不已。更让我感叹的是这些巨大但不堪人类一击的蚁穴竟能在孩子们的营地中安然无恙，与几十个正值顽皮年龄的男孩和平共处、互不妨害。如果孩子们没有从小受到尊重生命、保护自然、与动物为友的教育，这些蚁穴的下场是可想而知的。

诸如此类的事其实都是日常小事，可贵的是当事人并没为自己的所作所为赋予什么重大深远的意义，他们只是按照自己的习惯，理所应当地做大家在相同境况下都会做的事。他们所爱护的也不是什么国宝级或国家几级保护动物。平常的人，平常的动物，平常的事，但贵在平常。

阿尔卑斯山绚烂、品种繁多的野花漫山遍野，却不见哪个游人去随手采摘一朵，连很小的孩子也不去动它们。因为人们都知道这些美丽的小花是受法律保护的。人们自觉地保护着野花野草在一两千米的高山上自由地生息。他们说："一朵花儿插在自己家的花瓶里. 只有你一个人欣赏它，而让它开在路边，就会有更多的人看到它。"

另一年夏天，我到加拿大一个国家野生公园旅游，扎营在湖畔的树林中。没想到树林里的蚊子蜂拥而来，防不胜防。一打听，原来因为蚊子给游人造成的烦扰，公园曾在湖水中喷洒一种除虫剂以消灭水中的孑孓，从而有效地解决了人们的烦恼。但后来发现蚊虫的消灭减少了湖中蛙类的食物来源，破坏了大自然的食物链，于是人们果断地停止使用除虫剂，为了蛙类的正常生活，游人甘受蚊虫的烦扰。

更有甚者，就连野生公园中的朽木枯枝也受到保护。一次与同事在魁北克一个野生公园宿营，为了生篝火，我自告奋勇去湖边树林里拾散落在地上和被波浪遗留在沙滩上的枯枝，却被同事阻止了。顺着他的指点，我发现在宿营点周围早已由公园为游人准备好了生篝火用的木柴。我感到莫名其妙：枯枝败叶，现成的废物不用，却由公园出钱在别处购买木柴，再免费提供给游人，简直多此一举。我百思不解，向同事请教之后才知道，原来人们认为这里的野生生态环境有着自己的生命循环：春天草木发芽、生长，秋天落下败叶枯枝，这些枯枝将慢慢化为泥土，孕育出新的草木。人类作为外来者来到这个环境之中，只有权欣赏大自然的美，却无权干扰它的自身循环。拾取枯枝生火，便人为地破坏了大自然的自身循环，破坏了野生公园的环境。因此人们宁可从专门的伐木区运来木柴供生篝火用，也不从野生环境中拿取任何东西，不给其中添加什么异物。游人使用后的垃圾，全都回收又带出公园。可见人们对野生公园保护之精心！使之成为不折不扣的"野生"。

诸如此类的行为，当地人习以为常，这些日常小事在无形中慢慢地改变着人们对生命含义的理解，逐渐学会对所有生命形式的尊重。我懂得了生命没有高低贵贱之分，也不应该以一种生命形式去“主宰”它。人类对其他生命不负责任，也就是对自己的不负责任。人类如果真是“万物之灵”的话，那只意味着人类要把其他生命当作朋友，从而担负起自己对其他生命的更大的责任。

（摘自《做人与处世》2005年第5期）

一个外国孩子眼中的《新华字典》

陈亦权

约翰是我们学校特聘的外语教师，春节期间，他让远在英国的妻子和孩子一起来中国团聚。

他的孩子小约翰在伦敦读中学，也从课堂里学会了一些简单的中文，和我们沟通起来虽然不是非常流利，但也还可以理解彼此的意思。没几天，小约翰就和我那同样正在读中学的儿子混熟了，时常一起玩游戏、看书，两个人还时常一会儿中文一会儿英语，天南地北地聊。

有一天晚上，小约翰很有兴致地说要自学中文，他一会儿翻《成语词典》学成语，一会儿翻《新华字典》掌握字义，正这么翻着，突然，他冲着我大声喊："陈老师，为什么'猪'的解释是这样的？太不可思议了！"

"猪"的注解哪儿不对了？我好奇地走过去看，只见字典上这样写着：哺乳动物，肉可食，鬃可制刷，皮可制革，粪是很好的肥料。

我看了看后对小约翰说：这是正确的。小约翰没点头也没摇头，但内心里却似乎保持着他自己的某种想法，他沉思了片刻又自言自语地说：“这是对‘猪’的解释，那‘牛’的解释又是怎么样的呢?”他刷刷几下就查到了“牛”字，这下，他似乎更加惊讶了，字典上说：哺乳动物，趾端有蹄，头上长一对角，是反刍类动物，力量很大，能耕田拉车，肉和奶可食，角、皮、骨可做器物。

小约翰用惊讶的神色看着我，我也很纳闷地看着他，这没有什么不妥啊，本来就是这样的嘛!

小约翰眨了眨眼睛，居然又来了主意，要去查一查“驴”字的注解，我不禁也好奇地站在一边看着，查到“驴”字后，只见上面写着：哺乳动物，像马，比马小，能驮东西、拉车、耕田、供人骑乘，皮可制阿胶。

小约翰似乎对眼前的这本字典失望至极，他问我这类字典是不是给中国学生学习用的，我告诉他，大多数时候是学生们用的，但成人有时候也需要。小约翰听了叹了一口气说：“这太令人震惊了，居然这样解释这些动物!”

我纳闷地说：“你觉得字典上的解释是错的?”

“当然，而且还是大错误!”小约翰说，“人是大自然中的一员，大自然里的每一种动物和人类都是平等的。动物是人类的朋友，我们应该爱惜它们，帮助它们，保护它们，而不是去利用它们。你看字典中的解释，不是用来吃，就是用来做劳动工具，甚至要把它们杀死后做成产品，这完全不是它们的朋友应该做的事情。我觉得那些注解会让中国的学生从认字开始就觉得动物并不值得尊重，会觉得动物只是用来杀掉吃的食品或者是用来使唤的工具，甚至是一种产品，这和保护动物的呼吁完全背道而驰!”

小约翰的这番话使我怔住了，从他这个角度去理解，字典里对一些动物的解释确实缺乏“尊重”与“平等”，不是站在“朋友”的立场去介绍，而是站在一个屠夫的立场，对动物做出了残忍的，不人道的，野蛮并且自私的注解。

（摘自《淮北晨刊》2012 年 1 月 29 日）

当制度成为习惯

曹　凯

有幸去了趟欧洲，在欧盟几个国家兜了一圈儿。感慨万千，想写点感想竟然无从下笔。

微笑，恐怕是我对欧洲的老百姓的第一印象。但这微笑可不是我们饭店、商场里那些服务员小姐经过特殊训练强拧出来的，也不是在和某领导见面或虚伪或兴奋如自己当了领导一样的那种偶然的病态的笑容——他们的微笑是发自内心的愉快、轻松的微笑，是在享受生活时真诚愉悦的体现。连我这种没有教养的人，在大街上、在酒店里、在商场中得到素不相识的人的微笑时，也变得绅士起来。

很好理解，当一个人感到轻松、快乐、自在的时候，露出的微笑当然是真诚的；当一个人的个人价值得到尊重时，他会感到幸福；当一个人不因为个人习惯被人当作是作风不正，他会感到轻松；当一个人的尊严不受到领导同志的羞辱时，他会感到自信，会感到他是个真正的人，自然，也不会因此而拍领导的马屁或说着非常虚伪的谎言。

经过文艺复兴和大革命的洗礼，自由、平等、博爱的理念早已深入人心，这已经成为法国的立国基础。一天晚饭后，我在法国 Marly leroi 市的小路上散步，在一个十字路口看见一个牌子，翻译告诉我上面写的是“你没有特权!”这是在告诉开车者，不能逆行，也不能闯红灯，总之不允许的事情就是不能做，“你没有特权!”我联想到的第一个事情就是在我们那里经常看到的一些挂着特殊牌照的车在马路上横冲直撞。而在十字路口前面，就是这个市的市政府，非常普通的一栋小楼，四层，和周围的居民住的房子没有太大的差别，唯一不同的就是楼前竖着欧盟、法国的国旗。楼前没有警卫或者军警，老百姓是可以随便出入的，如果你不是当地居民，恰好内急，你可以很从容地走进去解决一下问题，根本不会有人拦住你，用警惕的眼光看着你，再问干什么，什么来客登记啊对他们来说简直是不可想象的，相反，如果有人问你，顶多就是“请问有什么需要我帮忙的吗”。对他们来说，国会、政府都是由纳税人缴纳的税款来维持运作的，他们所做的一切工作，必须为公民服务，所以，公民有权旁听议院辩论。我们在德国国会参观时，议员们正在开会，圆形大厅的上面坐了很多人在认真地听，其中也有不少带着孩子的父母。

关于这个问题我不想再多说，其实很简单，政府做得好，老百姓就支持你，就投你的票让你继续做下去；做得不好，你就下台好好反省去吧！就这样很多老百姓还不太满意——你这届政府对公共设施的建设怎么做得这么差？你瞧很多大桥的铁栏杆都生锈了。在你任期内失业率怎么有所上升，我为什么找不到工作？我的孩子受到一名老师的羞辱，你在教育方面做得真不够，诸如此类。

当制度成为习惯（请允许我这么比喻，因为我实在找不出更合适的词语来形容），并且是正义的制度成为习惯，人们不会感到太多的恐惧和不安，相反，开始重视人的生命和人的价值——因为生存、自由地生存这样的问题已经解决。听说，当中国那几十个前往英国的偷渡者被闷死在车里，整个欧盟都震惊了，欧盟停止了所有的工作开始讨论如何处理这件事情。对他们而言，死一个人都是爆炸性新闻，何况还是几十个。尽管这些偷渡客没有合法身份（非法移民），并且是外国人，但欧盟没有任何轻视或者藐视的意思，他们心里想的是：天哪，有几十个生命死在了我们欧盟，而不是几十个偷渡客或者中国人死了。他们为这些死去的生命做了身份鉴别，并通知了家属。

欧洲不是天堂，也存在许多问题。但这些已经足够我们思考的了。

（摘自《南方都市报》2002 年 7 月 20 日）

谁应坐在中间

徐迅雷

谁应坐在中间？这是一个有意思的问题。一位名叫武克钢的中国商人，最近参加一个政府代表团到德国考察。到了汉堡，市长和商会会长两个人来迎接。等到吃饭时，大家惊讶地发现，商会会长是坐在中间主座的，市长却坐在旁边。

进入 2005 年，因为《中国青年报》“冰点”的长篇报道，云南红酒业董事长武克钢和他倡导的工商文明，进入公众的视野。武克钢是位弃政从商的企业家，他原来有大好仕途，曾任改革开放标志性人物袁庚的助手，32 岁成为蛇口工业区常务副区长；他曾是中央党校高级班（市长班）最年轻的学员，可他最终选择了从商；他拥有美国密歇根大学的博士学位，目前仍是该校客座教授。

武克钢引人注目的，不是他的身份与履历，而是他的思想和作为。不像他的名字，他几乎不是“以柔克刚”，而是与有些官员来硬的。在与个别“伸手”官员的拉锯战中，他敢于以公司的名义给故意刁难的官员下“最后通牒”，并将其拉下马。他在公司接待室里，赫然挂上大幅标语——“支持政府搞廉政，官员到此莫伸手”。他的门卫挡了没有事先通知就大驾光临的副省级干部，他奖了门卫 10000 元钱。他有两句口头禅，一是“不要惯坏了公务员”；二是“贪官是我们喂出来的，受贿是我们行出来的”。他力倡工商文明，要让官员来适应工商文明的基本原则——契约、平等、法治、自由、主权。“民肥官瘦”也曾是“官本位”严重的我国古代一些官员的理想，尽管这个理想是道德层面的。早在清朝光绪年间，同是在云南，有位名叫龙文的官员，著有《苦昭吟》一诗，记述当年云南昭通灾荒的景象，诗中有“官瘦为民饥，民肥官益瘦”之句。更早一些，史载唐玄宗与其侍臣有这样一段对话，侍臣问：“韩休为相，陛下殊瘦于旧，何不逐之?”答曰：“吾貌虽瘦，天下必肥……吾用韩休，为社稷耳，非为身也。”以自身之“瘦”换取天下之“肥”，才有了“开元盛世”。

在有的国家，“民肥官瘦”就是政府官员管事少、薪酬低。2004 年岁末，法国巴斯克地区埃斯普莱特市市长安德烈·戴海杜先生，到成都一酒店当大厨掌勺 10 天，将打工所得捐给与大熊猫有关的事业，这件事情让国人感慨。报道中说，戴海杜先生除了担任市长，还有另外一个职业，那就是资深厨师。因为“法国公务员的薪水低廉”，不去业余兼职，还不好养家糊口呢。

法国的卢梭在他的《爱弥儿》中不客气地说：“行政官员的数目越多，政府便越没有力量。”我国的行政支出占国家财政支出的比例在世界上排名靠前，但行政效率却排在一百多名之后，恰好验证了卢梭的话。不久前有消息说，某地公安机关实行“全面瘦身”，一下子清退了 576 名非正式人员，一年可节约开支 246 万元。576 名，这是多么惊人的数字！2005 年 1 月 20 日的《北京青年报》报道：在苏北的一个镇，正副镇长加上党委领导有五十多人。官员队伍肥大到这种地步，结果当然是两个字：民瘦。

“民肥官瘦”的道理，很多人并非不知，却很难行。根本的出路在于真正改善制度环境，变革体制，建设政治文明。早在 1985 年，武克钢在中央党校学习时，就给同班同学开过一次讲座，主题是“小政府，大社会”，提出政府不应该管微观经济，而只应该管公共秩序、管社会。武克钢所言的“工商文明”，其实就是政治文明的一个分支，是“小政府，大社会”的一种实现。

（摘自《杂文月刊》2005 年 4 月上）

欧美福利政策的苦与乐

盛立中

欧美等国家目前实行的福利财政政策，几乎涵盖了人们的生老病死、失业、退休、住房等社会生活中的方方面面，内容广泛，项目繁杂。它既包括政府对低收入群体的援助，也有纳税人自个儿为防病养老埋单的部分。当然，这些国家还有一个“第三种力量”，比如社区互助、各类基金等民间团体。不过，这些面对本国居民的非政府救助只是作为一种“力量”，并不构成整个社会保障网的基石。

美国的住房补助

近年来，人人有所居，并能住得起，是欧美等国实施多年福利财政政策后仍在致力解决的一个重要内容。可大量难民的涌入、经济的不景气、低收入者的增加、房屋价格的飞涨，致使贫苦人口的住房问题对社会安定形成了新的威胁。

说起解决住房问题，美国与欧洲相比矛盾更为突出。美国社会犹如一个联合国，来自世界各地的新老移民无不奢望在美国的地盘上有一个属于自己的永久居所。当然，美国在解决低收入者住房问题上也形成了一套颇具看点的方法。

先说美国的租房。低于一定收入水平的美国居民可以向政府申请租房补贴。前提是：享受补贴的居民每月要拿出自己收入的 1／3 用于租房，不足部分由政府补足。由于美国各州经济发达程度的不同，各个地区在居民收入水平的界定上也有一定的差异。比如说，美国波士顿的单亲家庭年收入低于 2.4 万美元，才有资格申请住房补贴。美国也有面向低收入者提供的政府房出租。其实美国多数地方政府自身并没有房产。这些廉价房主要来源于地方政府与社区、开发商联合开发建设的专用房产，政府出资负责维护。纽约市政府向低收入者提供的一批廉价住房公布的标准是，年收入 1.7 万美元到 2.5 万美元的，可以租一套一居室住房，房租每月四五百美元（免费使用煤气）。这样一套标准的住房即使在纽约市较偏僻的地带也要上千美元。美国提供廉价房的一个特点是，强制性地划出相应比例供给残障人士。

2004 年，美联邦政府拿出了 5 亿美元实施了一项让低收入家庭“拥有自住房”的特别援助计划。根据该计划，政府为没有自住房的家庭首次购房应付首期款和办理房屋过户手续时的有关费用埋单（最高可获得 1 万美元购房补助）。

如何安排养老

欧美等国相对较为重要的是为养老设立的基本社会福利保障系统，这也是他们社会安全保障网的核心。不过，西方的基本社会福利保障体系不仅与退休养老相关，它还保障着纳税人以及与其家属相关的福利享受。俗话说“羊毛出在羊身上”，支撑西方国家基本社会福利保障系统的资金主要来源于纳税人上缴的专项税金。

在美国，雇主和雇员各拿出工资的 6.2% 作为税收，形成“社安金”。美国人的退休金、残疾金、遗属遗孤抚恤金都从这部分税收中解决。美国社安金中的85%用于养老金，其余的15%则与其他的社会保障相关。在法国，基本养老金由雇主交8.2%，雇员交6.55%；法国对遗属遗孤补助的资金来源于由雇主按雇员收入的5.4%缴纳，作为困难家庭补助金。

欧美90%以上的退休人员不单纯依靠那块基本养老金。这些国家有一个非常发达的保障老有所养的辅助网络。比如说，美国就有多项政府支持的退休保险项目供个人自愿参加。欧美等国对养老金的支持主要体现在税收政策上，也有的国家直接由政府拨款来弥补缺口。比如德联邦政府，每年都要拿出近千亿欧元来支持其基本社会福利保障系统的运转。

鼓励老有所为

人们比较关心的是，欧美等国的职工退休后到底能领取多少退休金。其实西方多数国家职工退休后取得的收入并不是一个固定额，少者，只能领到原工资的50%~60%，多者则可以领到原工资的100%以上。其中的原因主要与退休年龄相关。比如，芬兰65岁退休领取的养老金比60岁退休高出40%。美国对到了法定退休年龄仍继续工作的人，每多工作一年就奖励十多个百分点的退休金，直至正式退休。

目前欧美等大多数国家的法定退休年龄是65岁，美国和德国在今后几年内将把退休年龄提高到67岁。这些国家鼓励人们到了法定退休年龄时继续留在岗位上。按英国人的说法是，50岁创业才开始。“55岁太老了？我们连65岁的人都雇呢。”这是德国科隆一家公司的广告词。

实际情况确实如此。老到的资本家目前正在重新审视退休人员的使用价值，并热衷于对老年人的“余热”进行开发。据美国劳工部统计，在1994年至2004年间，65~69岁年龄段的老年男性就业率从27%上升到33%，女性就业率也从18%上升至23%。

医疗保障制度

在西欧地区，公共医保费一般由雇主和雇员按工资收入的一定数额缴纳。法国，雇主交 2.8%，雇员交 6.8%；德国，按工资收入的 13.4%收取，雇员和雇主各交一半。德国，每季度看病收取医疗费 10 欧元，病人住院个人每天负担 10 欧元，一年缴纳的住院费超过 280 欧元后由政府承担；18 岁以下的未成年人享受免费医疗服务；安装假牙由个人出资另保；非处方药的费用由个人承担。

不过，美国的情况比较特殊，美国不为其国民提供基本的免费医疗服务。政府补贴的医疗保险是美国人享受免费医疗服务的主要途径。美国只对贫困线以下的家庭提供免费医疗服务。如果一个家庭收入超过这一贫困线，就得自己想法解决医疗问题，这也是很多美国人自愿留在贫困线以下的一个原因吧。

目前美国 70%以上的就业人员能够从雇主那里得到一份基本医疗保险，其余的人则要自己想办法加入其他医疗险种来解决。美国公司比较注重给雇员买工伤险，否则，雇员在工作期间一旦出点意外，雇主的麻烦就大了。

由于西方国家保险业非常发达，相对应的医疗险种也很多，他们涵盖了从婴儿到老年人适应各收入水平不同性别的群体。举一个例子，美国有一个家庭医疗储蓄险种，投保人每月向指定账户存入四百多美元，全家一年的医疗费总额如果超出 4500 美元，多出的部分就由保险公司埋单。当然，西方各国也为富人量身定做险种，只要多交钱，除了换脑浆外，治疗身体任何部位的开销都归保险公司。

福利时钟摆过头

由于西方国家的社会保障体系是涉及整个社会安全的一张大网，它试图保证每个社会成员不漏在网外。也正因如此，很多洋人老蹲在网里啃馅饼，出外找工作倒成了一个错误。我们来看看德国最近发生的这个“福利时钟摆过头”的案例。

德国巴伐利亚州安斯巴赫地区有一位35岁的男子，领着政府救济“失业”在家，悠闲自得地呆了几个月后突发“奇想”，将当地政府告上法庭。他的要求是政府应为他报销获取色情资料以及嫖娼费。这位男子在法庭上大倒“苦水”，称他的妻子远在泰国，他为了自己的身心健康而需要去妓院。保证每个人的身心健康是德国社会保障的基石，政府理应为他“经常呈现且有些迫不及待的性要求”提供援助。他向政府提出的报销金额大约为每个月3000美元。

安斯巴赫法庭最近作出裁决，原告提出的涉及个人性生活方面的相关费用应该从他领取的救济金中支付。法庭表示，社会救济已经涵盖了“每天的需求”，政府不应该另行为其安排“嫖娼”预算。不过，这名男子并不服安斯巴赫地方法庭的判决，仍在“固执”地利用政府提供的免费法律援助提起上诉。

其实，类似的灰色幽默在西方国家并不鲜见。

（摘自《读者》2005年第24期）

在瑞士撞车以后

田玉德

瑞士首都伯尔尼是一座静谧的袖珍城市，花香鸟语，丽日清风。

上午 9 时许，我驾车去卢塞恩办事，它是瑞士中部的一个城市。从驻地驶出几分钟便上了高速公路，我心情舒畅地驾驶着马自达 323L，并饶有兴致地欣赏着公路两边美丽的异国风光。和英国、泰国等国家一样，瑞士也是左侧行驶。

当驾车行驶到岗尼德格大桥附近时，看到左前方高空蓝色提示路牌，我意识到该驶入普通公路了。我降低了车速，转过一个大弯，来到市区公路上。随之，又将时速提到 90 公里。

当车行驶到一个交叉路口时，正赶上绿灯即将亮，我一踩油门，快速驶了过去。突然，我发现右边超车道上一辆黄色的又高又大、像是拉集装箱的货车快速跟上来，并挡住了我观察侧面来车的视线。这辆货车很快驶过，我万万没有料到，交叉方向一辆白色轿车也在快速驶来，一场横祸正向我逼近。

当我发现并骤然意识到应紧急刹车时，已来不及了。随着我“哎呀”一声短促而惊恐的呼叫，我的车径直向那辆横向驶来的车撞去。当时，我的脑子里只闪过一个念头“完了”，随即一片空白，绝望掩盖了恐惧。随着“砰”的一声巨响，我的左侧车头撞到了那辆轿车的车身处，我只觉得头重重地撞在了挡风玻璃上，挡风玻璃顿时开了花，碎片刺破了我的前额。我感到一阵疼痛，继而似乎觉得有条虫子从头上慢慢地爬到脸上。我一摸前额，竟然满手是血，还闻到一股腥味。

我感到异常恐惧，僵僵地坐在座位上。稍顷，我掏出手帕，擦擦脸上的血，用力压了压车门把手，车门竟然打开了。我吃力地抬起右腿，迈到了地下，又挪动左腿，终于站到了车门旁边。

我定了定神，这才看清，那辆车上坐着三位女士。开车的是位年纪稍大的女士，由于惊吓，她面如土色，浑身颤抖不已。她的身边是位年轻的小姐，后面还坐着一位女士。

这时我看到，她们的车门凹陷，车体变形。我的车左侧车头撞瘪，车灯粉碎，车开始漏油。

我走近那辆车，和那位开车的女士面面相觑。一会儿，我打破了沉默，轻声地问：“伤了没有?”那位开车的女士才如梦初醒，两只胳膊搭在方向盘上，呜呜咽咽地哭了起来。

我突然发现她的左臂衬衫红了一片，慌忙中我把那块带血的手帕递给了她：“真对不起。”“不要紧的。”她摇头哽咽着说。

说也怪，平时在瑞士的大街上很难看到交通警察，但在我们的事故发生后几分钟，一辆面包警车就来了，真是兵从天降。

一位年轻的高个子警官下车向我们走来。按照国内处理交通违章肇事的惯例，我准备乖乖地“就擒”，但心脏跳动的频率却不由自主地阵阵加快。

这位年轻的警官走到我面前，微笑着问了声“您好”，礼貌地同我握握手，并自我介绍他叫法比安。短短的两句话，立即减轻了我的恐惧与不安。

法比安警官看了看我和车，又走到那辆车前，向女士们问好，并看了看她们的车，随后，他返回警车，取来了药品和绷带，要为我包扎头部伤口。这是我万万没想到的。惊吓之后的感激使我热泪含在眼里。“谢谢您，请为那位女士包扎吧，我只是划破了头皮。”法比安警官走到女士车前，女士伸出胳膊，他用药品擦了又擦，随后十分迅速认真地包扎起来。

约七八分钟后，又有一辆警车、一辆消防车、一辆拖车开来了。从车身标记看，都是卢塞恩警察局的。

从几辆车上下来的警官都迅速地进入了各自的角色。他们在地面上立起了米黄色的木桩，把肇事区隔离开来，拉尺测量，记录画图。法比安警官则与我和那位女士谈话，填写事故调查表。

现场测量完后，警官们马上用拖车将两辆肇事车拉出了路面，停放到路边的草坪上。

肇事车拉出现场后，警官们和清扫人员一起动手打扫起肇事现场来，很快，路面又干干净净了。

法比安说：“根据现场调查，这次事故你们二位都有责任。女士在红灯即将亮时快速抢开过去，属于明显违章；先生您虽然在主行道上行驶，但在市区普通路上车速过快以致躲闪不及。刚才我已通过计算机查询，你们二位的车辆均已保险，而且都是公司用车，因此我现在负责将你们的车送到保险公司修理。你们有什么意见吗？”

那位女士马上表示同意。我原想争辩一下，但看到警官那诚恳的态度，女士那祈求的样子，也只好同意了，因为我毕竟也有责任。

法比安笑着问：“先拉谁的车？”

女士说：“这次事故我责任大些，这位先生已经很照顾了，先拉他的车吧！”

“Lady first（女士优先），”我忙说，“还是先拉她的车吧！”

“好，咱们就来个女士优先。”法比安警官笑着对我说，“请你在这儿等我一会儿。”

两辆车先后被送到了保险公司修理厂。我是坐着法比安的警车来到修理厂的。

我那辆车是其他警官用拖车拉来的。在这点上，我比那位女士"优先"了，因为她是坐着拖车去的。法比安风趣地说："外国朋友嘛，应该照顾。"

修理厂的经理看过我的车，又看了车辆保险单以及有关证件，让我又填写了一份表格，上面包括肇事地点、时间、我的住址、护照号码、电话、电子信箱等等，然后，又让法比安警官在上面签了名。这时，我才意识到法比安为什么要和我同来，他是想让我少跑一趟路。我不禁又一次感谢这位警官。

这时，修理厂经理风趣地指着一辆八成新的奥迪车对我说："在我们修理期间，这辆车就归您了。不过，可不要再与小姐'接吻'了。"

看着这辆显然比我的车昂贵的奥迪车，我的心情十分复杂。就在我刚刚接过奥迪车钥匙，去开车门时，突然一阵呕吐。法比安警官睁大眼睛，惊讶地看着。一会儿，他坚定地对修理厂老板说："这台车先放在这儿，我必须送他去医院检查一下。"

我又坐上了法比安的警车。法比安按响了警笛，加大油门风驰电掣般向卢塞恩中心医院驶去。

我对法比安说："我可能是过分紧张造成胃不适，慢慢会好。您工作这么忙，不要去了。"他却说："不行，必须排除脑部损伤，这种情况我多次遇到过。"

由于在车上法比安警官已经用电话与医院进行了联系，所以警车一进医院门，医护人员马上迎了出来。我是躺在医院的手术车上被径直送往抢救中心的。

一进抢救中心，各种检查接踵而来。先是抽血化验，又是脑压检测，我还躺在床上拍完了胸片，并做了脑 CT 等。

不到 30 分钟，各种化验、检测全部完成。这时，一位满头银发的老医生在几位中年医生陪同下，来到我的床边。老医生详细看了检测结果及化验单，法比安警官又和他说了肇事情况，老医生为我做了检查，诊断为轻度脑震荡，需住院观察。

我住进了脑外科。

值得一提的是，我住院的全部手续都是法比安警官跑上跑下办的。当我躺在脑外科病床上，法比安办妥了住院手续进来时，我看到他的短袖警衫前胸后背都被汗水浸透了，我的心里充满感激。

法比安若无其事地说：“你好好养病，住院不用交钱，因为你买了‘全险’，费用最后由保险公司结算。”

我看了看表，已是下午4时，法比安警官已经忙碌了一天，午饭还没吃。我忙对他说：“你回去吧，顺便给我的驻地挂个电话，太谢谢你了。”

“我要马上去保险公司，”法比安警官说，“不能超过申报时限的，明天我再来看你。”他风尘仆仆地走了。

望着法比安警官的背影，我心里充满敬意。这场事故是偶然的，事故后发生的一切又似乎都是那么平常，然而，高尚的职业道德以及人际间的平和关系恰恰都在这些看似平凡的琐事中显现出来。

（摘自《时文博览》2006年第7期）

城市对农民工的十大误读

黄俊杰

从来没有一个时代，城里人与农民如此需要被对方理解。在急速城市化的中国，进城农民与城里人的关系是一个最矛盾的时代寓言。城里人对这个与之共同生活超过30年却依然被称为“新市民”的阶层，有种种困惑，是为10个误读。

误读1：他们不该拿高薪

曾有上海钟点工李芳向媒体讲述了她眼中的几个“不明白”。一不明白：“就两个人，哪需要那么大的房子?”二不明白：“花那么多的钱，却养只什么都干不了的宠物。”三不明白：“那么好的饭菜，怎么说倒就倒了?”

同工不同酬是农民工在城市里遭遇的最现实问题。他们走向和城里人同等优厚薪水的道路是漫长的。新华网曾公布一个青岛农民工进城17年的工资“路线图”：1991年，打工要交“保证金”，每月工资330元；2005年，跳出“永远是临时工”的宿命，工资单越拉越长，月收入超过3000元；2007年，冲破户籍门槛，完成“农民变市民”的转身；2008年1月，领到7378元月薪。

误读2：他们不能作为结婚对象

一位男青年向情感热线讲述了自己的一次感情经历：他来自农村，与一位昆明姑娘谈过恋爱，但姑娘的父母要求很高，要求他必须有房有车。后来他才明白，姑娘的父母其实是不希望女儿和来自农村的他谈恋爱，最终他选择了放弃。男青年在电话里几乎是哭诉：“我来昆明多年了，不愿意放弃多年来打下的基础，可是到哪里去寻找自己的另一半呢?”

“嫁给农民，就等于嫁给他全部社会关系的总和。”《新结婚时代》里如是说。2009年，北川一名受灾农民赵兴武与来自天津的志愿者晓雪，在灾区偶遇并最终决定结婚。但这个社会迎接他们婚姻的，首先不是祝福，而是一场争论。有人说，王海鸰的《新结婚时代》写的就是“城乡结合”的婚姻是如何破产崩盘的，那还不如说是物欲城市里的爱情是如何破产崩盘的。

误读3：他们比城市工人幸福

《2005年社会蓝皮书》公布，“2004年中国居民生活质量报告”的结果显示：近八成居民感到生活幸福，农村居民幸福感强于城镇居民。中国社会科学院的一项研究报告也显示，对比城市工人，农民工在社会安全感、公平感、满意度、对过去生活的评价、对未来生活的预期等多个方面都表现得更加积极，他们的幸福感更加强烈。

农民工看起来比城里人更容易满足。心理学家沙莲香对此有一个解释：在城镇人看来不值得感到幸福的事情，对农民工可能就不一样。2007年，中国青少年研究中心发布《进城务工农民子女的城市生活适应性研究》课题报告，七成左右的农民工子女觉得生活比较幸福，近八成对自己的未来充满信心。但在“幸福”的标题下，角落处的内容亦应引起注意——和城市少年儿童相比，农民工子女的主观幸福感和自尊要相对低一些，多数孩子存在身份认同矛盾：近九成认为自己不是北京人，一成以上表示自己既不是北京人，也不是老家那里的人。

误读 4：他们增加了城市的犯罪率

广州市公安局最近对 9 万名旅客进行抽样调查发现：2009 年春节后往广东的外来人员中，四成目的地为广州；如果找不到工作，有六成受访者选择留下一段时间。警方即刻对可能增加的治安压力表示担忧。

中国人民公安大学治安系教授王太元说过：“犯罪是社会管理的成本。”江苏海安法院刑庭庭长杨吟东认为，农民工犯罪率之所以居高不下，农民工合法权益得不到有效保护是引发犯罪的直接原因。

误读 5：他们的性问题自己会解决

“世界工厂”东莞曾对外来工的性问题进行过问卷调查，发现外来工的性观念趋于开放，但普遍存在性压抑。对于“来到东莞，你有过性生活吗？”这一问题，近四成人表示“基本上没有”。

禁欲的世界工厂是没有人性的世界工厂。东莞一度建夫妻房来解决外来工的性问题，但效果杯水车薪。专家分析，打工仔多数单身，已婚的也没有条件让家属随行。他们没有固定的住处，难以找到对象解决性生活问题；即使碰到合适的对象，决心安定下来，登记结婚仍然很困难，须回户口所在地办理。

误读 6：他们随时可以回家种地

在乡村，网易创始人丁磊投资养猪场成为 IT 养猪人，瞄准高端猪肉市场；在城里，早就不养猪的农民扛着装满饭盒的大纸箱，穿梭于叫中关村或电脑城的 IT 人聚集地。农民工被吸纳到城市化进程之中，但又未被城市化。既然法律与城市管理未让他们成为“市民”，既然乡村还有广阔的机会，他们为什么不回去？跟城市贫民比起来，他们不是还有退路吗？

四川有调查称，76.2%的乡镇干部住在城市。更多的农村人已经成为城市“回不去的人”。身处城市社会保障之外的农民工，尤其是第二代农民工，身份上是农村人，心理上却是城市人。让他们回不去的，除了心理问题，还有更多——包括农村与城市教育长期得不到缩小之差、农村与城市生活水平之差，包括农民的失地问题。

误读 7：给他们同城待遇是让钱外流

浙江省瑞安市曾推行农民工子女就学同城待遇政策，却遭遇尴尬局面：借读的孩子以每年 4000 人的速度递增，学校超负荷运转。本地人反对把自家小孩和农民工的孩子放在一个班，反对声音认为，“同城待遇”不过是让政府的钱外流。

“同城待遇”贵在一个“同”字，难亦在一个“同”字。在快速的城市化进程中，农民工是春天的播种者，却无缘于秋收。同工不同酬，没有基本养老保险、基本医疗保险、失业保险、工伤保险、生育保险，子女就学艰难——对中国更多的“新市民”而言，生活的考验除却低微的收入与居高不下的 CPI，除却衰老、疾病与失业，除却子女那无可寄予的未来，也许还包括那些声调甚高，实质捂紧钱包、斤斤计较的“同城待遇”。

误读 8：他们的下一代不该赖在城里

早有调查指出，农民工子女的最大心理问题之一，是对所在城市的陌生感，缺乏自己融入其中的认同感。

农民工在城市孕育了第二代——他们习惯城市，不会种地；他们在名义上不属于这个城市，但身心都不再属于农村；他们从未想过去漂泊，但城市的现实让他们大多是无根草。

误读 9：他们抢了城里人的工作

杭州、绍兴、深圳、厦门等地正用“居住证”代替“暂住证”，农民工正成为“杭州新市民”、“新绍兴人”等。已达 2.26 亿之众的农民工，是城里不容忽视的新社会阶层。但有统计显示：在全国 1.3 亿的外出农民工中，大约有 15.3%的农民工因全球金融危机失去了工作，或者没找到工作；金融风暴让中国劳务输出大省节前提早出现返乡大潮，其中近 50%的人处于失业或半失业状态。

农民工返乡，压力最大的是当地政府。农民工的再就业，需要城市提供的其实是公平。《人口与劳动绿皮书（2008）》指出，要缩小城乡之间的收入差距，当务之急是要解决劳动力市场的分割问题，形成一个一体化的劳动力市场，使农民有更多的进城机会，而且是平等的就业机会和享受公平的收入待遇的机会。

误读 10：他们没有什么好学习的

曾有经济观察文章认为，盛大网络公司其实是在向农民学习——中国农民在家里既种粮食又种蔬菜，养鸡、养鸭又养猪，有的还同时养牛、养羊，有着家庭农业的“多元化”模式，“和很多 80 年代早期的中国第一代民营企业形不似而神似”。

崔永元说过，宁可女儿是个快快乐乐的农民，也不希望她是个忧郁的知识分子。城里人或可从进城农民身上学到更多——有网络帖子说，农民最喜欢嘲笑城里人几件事：出门打的，却在跑步机上挥汗如雨；手机里存了两三百个电话号码，没有一个是邻居的；管儿子叫“小兔崽子”，管宠物狗叫“儿子”……他们的乐观与直接，他们的耐力与抗力，他们的善良与简单，他们长期坚持与甘于寂寞的能力，或许是此浮躁社会与紧缩生活的逆水行舟之法。

（摘自《新周刊》2009 年第 5 期）

谁该享受公费

许纪霖

每年的研究生复试录取工作，最让学校头痛的还不是录取谁，不录取谁，而是排谁是公费生、谁是自费生。公费、自费，一字之差，对考生来说却是性命攸关：每年一万元学费，三年下来就是三万。对有钱的家庭来说，可能算不了什么，但对农民和下岗工人子女来说，那是一笔天文数字的巨债！

每逢这个时刻，我们做导师的，通常感觉责任重大。大家都赞成按照公平的原则决定，但公平的依据何在？按照考生的家庭收入决定?考生交来的资料各种信息一应俱全，唯独没有家庭收入一栏。即使有，你也无法判断其数据是真是假。分配给各导师自己决定？显然，这样的方案只能助长可能出现的腐败。讨论来讨论去，最后大家长叹一口气：就按照总分的高低排列吧——这是一个实质未必合理、却是形式公平的唯一选择。

然而，问题并不因此解决。每年我们都会碰到一些农村来的同学，因为无力承担高昂的学费而被迫放弃。我的一位来自山东的考生，在听说只能自费后，绝望地离去。四年苦读，所有的梦想，仅仅因为出身贫寒，最终竟与她无缘。我至今还记得那位女孩苍白的表情：茫然、无奈，似乎在哀叹命运的不公。

按照目前的研究生招生政策，公费生与自费生的比例大约是 1∶1。公费生用的是所有纳税人的钱，它究竟应该向谁倾斜才是合理的、公平的？如今这种对高分者的奖励，看似形式合理，实质并不公平——纳税人提供的稀缺资源，并没有提供给最需要的对象，从而产生最大的边际效用。

已经去世的哈佛政治哲学大师罗尔斯教授，写过一本改变了历史的经典巨著《正义论》。他讨论的问题，正是如今让我们困惑不已的：何为正义。大师以其清晰的逻辑论证指出，一个正义的社会，应该符合两项原则：一是自由的原则，二是差异的原则。社会的公正应该这样分配：在保证每一个人享受平等自由权利的前提下，强者有义务给予弱者以各种最基本的补偿，使弱者能够像强者一样有机会参与社会的竞争。

罗尔斯的这一“公平的正义”理论，为当代美国社会带来了半个世纪的稳定。20 世纪 60 年代，美国民权运动高涨，社会秩序大乱。肯尼迪总统顺应时势，推出了《平权法案》，在教育、福利、就业诸方面，给予有色人种特别是黑人等社会弱势群体以法律的倾斜。当时政府派国民警卫队护送黑人小孩到贵族学校读书，哈佛、耶鲁等所有一流的学校在录取新生时，都必须给予有色人种以一定的比例。《平权法案》实施了，但许多白人还是不服气：我明明比黑人考生分数要高几百分，凭什么他进得了哈佛，我却进不了？为什么因为我是白人，反而要遭反向歧视？

西方人是理性的，要他给别人以补偿，一定要拿出理由来。这个理由必须超越于一切利益之上，像上帝一样公平地考虑问题。在这关键的时刻，罗尔斯发表了《正义论》，论证了这套“公平的正义”理论，让大家看得口服心服。自罗尔斯之后，美国的《平权法案》获得了学理的合法性基础，各种族之间的不平等缩小，黑人不仅可以进哈佛，还可以做国务卿，甚至，假如不是夫人的死命阻拦，鲍威尔将军完全有可能入主白宫。

中国今日的情况与 20 世纪 60 年代的美国有点相似。经济的高速发展，带来了沿海与内地、城市与乡村的严重两极分化。同是读书的精英，命运相去甚远。城市的富家子弟高考落榜，可以去欧洲自费留学，而农村的贫寒子女，明明分数上线，却因无力承担学费而被迫放弃。这样的城乡裂痕扩大下去，将大量的农村精英阻拦在门外，将会造成累积性的阶级对立，从中国的历史来看，这往往是社会动乱的渊源所在。

国家作为各种利益群体的平衡者，有责任通过掌握在手中的财政资源，在不违背基本的机会平等的原则之下，给予社会的弱势群体以补偿，让他们不因为先天的或非个人的因素，而失去与强势群体同等的受教育的机会。

有消息说，研究生的公费将取消，改之以通过奖学金、助学奖金和兼职补贴的方式，返回给最需要补助的学生。我们希望这一改革早早到来，并且在具体实施上，向弱势群体倾斜，向我们的农家子弟倾斜。

（摘自《新闻周刊》2004 年第 18 期）

幸福的机会成本

樊　纲

人生在世，人人都想活得更好，更好地活着，而所谓“选择”的问题，说白了就是在各种可能的条件下，选择那种能为自己带来较大幸福或满足的较好的活法。

幸福或满足这样的概念，经济学中的术语是“效用”，实在是一个意义广得不能再广、泛得不能再泛、一般得不能再一般的概念。之所以如此，就是因为天下有太多的东西能给我们带来幸福或满足。

特别值得一提的是，什么也不干，也是一种满足。什么也不干，也就是闲在，经济学里称为“闲暇”，文雅一点说是“闲适”。除了家财万贯、可以不干活也有吃有穿的真正“有闲阶级”之外，我们社会里的绝大多数人不可能真的什么也不干，至少还得挣钱吃饭。

但有的人完全可以既不求升官，也不求发财，不去劳心费神上学考试搞什么理论研究、发明创造，拣个费力最小、工资说得过去的工作，每天上班安分守己做好本职工作，下班按时回家，世界杯足球赛时蹲在家里看电视直播，星期天携妻带子逛公园商场；年轻的时候跑跑步，年纪大点练气功，身体精心保养，不熬夜，不发火，延年益寿。

这种所谓的“平民生活”，说起来显得“平庸”，其实那当中的一份“闲适”能给人带来的满足，并不一定就比整日奔波劳累、费心耗神求得的功名利禄所能带来的满足少几分。

只计算物质产出或物质享受，不将“闲暇”考虑进来的经济学，只是一种简陋的经济学。闲暇可以提供满足的道理，在经济学的意义上可以首先把我们引到经济学的一个重要概念：机会成本。

所谓机会成本，基本的意思就是有一得，有一失，鱼与熊掌不可兼得。经济学的老祖宗、英国的亚当·斯密曾经说过（大意）：国王会羡慕在路边晒太阳的农夫，因为农夫有着国王永远不会有的安全感，而你要有农夫那样的安全感就不能有国王的权势。

不过，经济学中“机会成本”概念的意思要更狭一些，它往往特指在“资源是有限的”这个前提下，将一种资源更多地用于这一目的便不能更多地用于另一目的，经济学中最普通的一个例子就是“黄油与大炮”：一个国家总共有那么多的资本和劳动，既要生产黄油（消费品），又要生产大炮（武器），多生产了一吨黄油，就要少生产（比如说）两门大炮，这时那少生产的两门大炮，就被称为多生产一吨黄油的“机会成本”。

一个人生到世上来，至少拥有一种“天赋的”资源，那就是时间，每天 24 小时，每年 365 天，一生几十年，就每一个人来说，时间资源对他总是有限的，多有多的有限，少有少的有限，因此在这有限的时间里所能干的事情就是有限的：读书了就不能看报，打牌时无法打球；今晚要去官场上应酬，就无法到商场上去交易；要想做学问，就得多花工夫多读书，你就只能有较少的时间去经商挣钱或开会升官。

在所有的情况下，人们要干成一些事情，至少面临着一种机会成本，那就是闲暇。鲁迅的一句引用率相当高的名言是：所谓天才，就是把别人喝咖啡的时间用到读书上去罢了。说的就是这个道理。

功名利禄、成就事业从一定意义上讲并不难，有一正常的平均的智力水平和身体条件，都能得到，只不过要用勤奋、辛劳，也就是用那喝咖啡的时间去交换罢了。至少，你得一边读书（或谈买卖，或开会）一边喝咖啡，而不能坐到露天咖啡座的阳伞下一喝两个小时，优哉游哉地观赏路上的行人、天上的飞鸟。要挣钱就要四处跑买卖，看摊一看十几个小时；要升官就要多花时间搞调查、编计划，四下联络感情，八方打探消息；要做成点学问就要读万卷书，行万里路，搜集资料，完成实验，一睁眼就想到哪篇文章还没写，哪段讲义还没编，恨不得做梦也能做出个搞实验的新招，于是要么是整天在外，半夜才归；要么是挑灯夜战，不近人情；星期日不放假，节假日不休息，不陪老婆进商店，不陪孩子逛公园，女友告吹，夫妻吵架，第三者插足。

就一般情况而论，你多得一份功名利禄，不过少得一份轻松悠闲罢了。有的人条件特别好，运气特别好，什么事都似乎信手拈来：坐在家里不动，好买卖会自动找上门来；什么政绩也没有，可阴错阳差地官运亨通；学问不大，瞅准个空子，一个新点子也成名成家。这些情况当然有，但不仅是例外，而且其实这样的人即使发了点财也不会成为巨富，当了大官也不会是伟人，出了名也做不出大学问。靠勤奋不一定成器，靠运气和小聪明也能成名，但对于一般情况来说，不花点时间和精力是办不成什么事的，且不说那努力过程中的种种煎熬。

经济学中有这么一种算法：把一个人一天的可支配时间（自然时间减去 8 小时的必要睡眠时间），或一生的可支配时间（从自然年龄中减去不能工作的少年和老年期），算做一个总数，然后给出一天工作所能获得的收入标准，让你自己去选择究竟是多干点活，还是多享受点悠闲。这种算法明确地告诉你：你想多干成点事，就得少一点闲暇的享受。

做事情的机会成本是闲暇，反过来说，闲暇本身也有它的机会成本。比如说一个人什么事不做，或者做得很少，倒是舒服自在，但因此也就成就不了什么事业，比如说挣不到更多的钱，得不到更多的物质享受，看着别人有钱买这买那、出门旅游，而自己只能最多沏一杯茶在家里享受“清淡的闲暇”。机会成本概念的核心在于，什么事情也不是都好都坏，而是有利有弊、有得有失。

机会成本的概念具有普遍的意义和适用性，就在于可以说什么事情都有它的机会成本。我们上面仅仅是就“时间”本身谈问题，还没谈为做成一件事所需付出的其他代价，比如“痛苦”或辛苦，从这些代价当中，我们更可以了解机会成本的无所不在。为官当政，有权有势，万人之上，又有一种干国家大事的感觉，但所受的约束也大，上下左右都要小心谨慎；搞学术研究，“臭知识分子”一个，相对来说却有可以保持较大的个性的自由，自己写了东西签上自己的名，用不着看上司的脸色；自己当老板开公司，可以更大地发挥才干，赚了钱拿大头，但操心也大，每天要忙于生意，还要承担赔本的风险；做个小职员“打打工”，虽然要看老板的脸色行事，但不操那份心，这时你也就不能抱怨为什么别人比你更有钱。

（摘自《经济日报》2002 年 9 月 3 日）

是什么改变了我们的社会位置

李培林

社会位置的坐标

实际上我们每个人都在追求一种社会的位置。这个社会位置，应当有两个含义，一个就是它水平面上的位置，但我今天讲的，主要是在一个垂直等级序列里的位置。我们看到，在改革开放以前，人们的这个位置，相对来说是比较固定的。在这样一个体系当中，人们要改变自己的位置，实际上是比较困难的。比如说像一个农民的孩子，他要想改变自己的位置，那几乎就只有两条路，一条路是当兵，再一条就是上大学。上完大学以后，你基本上可以按照干部身份来分配。除此之外，作为一个农民，他几乎没有其他的途径来完全改变自己的身份。

改革开放以后，基本上有三大序列，也就是说，人们社会升迁的道路，变得宽广了、多样化了。你会看到，这个三大序列，一个是经济的，就是以财富和收入来衡量；第二个序列，是行政序列，仍然是以组织权力等级来划分的；第三个序列，就是社会声望，以社会声望来衡量。

所以，不同的人，由于他所追求的目标不一样，大家就不是在一条道上挤得人仰马翻了。你可以去创业，你追求的是这种事业上的成功，你追求的是收入和财富；你也可以在行政序列上凭着你的努力，然后达到一个比较高的层次；另外呢，你还可以当演员、当教授，他们是追求一种社会声望的序列。这就是说，道路很宽广了，这时候你会看到，人们改变社会位置的这种能力大大地加强，大量的农民进城打工，他们凭着自己的努力来改变自己的位置；也有很多的干部下海，在这个序列走不通，我还可以走另一个序列。

但是我们现在正在这个转变的过程当中，这三个序列，发生了一些错位，这个错位是什么呢？也就是说，在一个正常的社会当中，这三个序列，应当有一个相关性。就是你在某个序列比较高的人，你在其他序列当中，也应当有一个相当的位置。不应当出现在这个序列很高的人在另外一个序列里面很低，这种现象应当是不正常的。比如我们看到一些老板，他们在经济和财富的序列里面，位置很高。但是，他们心理也不平衡，就是说，你看看一到社会声望的调查里面，他们的地位，给他们打分打得都很低。前两年有特别的一个现象，出租车司机普遍被人们列入高收入阶层。因为那个时候，大概我记得一般的机关的公务人员，每个月也就是六七百块钱的样子。那时候一个出租车司机大概每个月收入就达到四五千块钱。所以，那时候叫做高收入阶层，那么这种现象，我觉得就不是太正常，因为在任何一个国家，从来没有说出租车司机是高收入阶层的。

那么现在呢，经过这么多年的变化，很多的公务员的工资、专业技术人员的工资，都在上升。但是，出租车司机，应当客观地说，这些年来，收入不但没有增长，反而在下降，因为竞争加剧了。

一个重大的趋势和变化

我们看到，在未来社会当中，一个重大的趋势和变化是什么呢？那就是，虽然我们说存在着不同的序列，但是未来的一个趋势是专业的知识和技能，在所有的这些影响人们社会位置的因素当中，将会发挥越来越大的作用。其他的序列也将受到这个序列的重大影响。比如说像老板阶层、企业主，在十年以前，他们的平均文化水平是比较低的。所以那时候，大家会说什么拿手术刀的不如拿剃头刀的，什么搞导弹的不如卖茶叶蛋的等等。但是，今天情况已经不是这个样子，在整个老板阶层当中，一大批具有专业技术的人员参与进去，就使这个行当慢慢地竞争激烈，你没有这方面的技能，你就很难再重新加入。仅仅凭着创业精神，是远远不够的。另外，我们可以看到，大量的公务人员、大量的干部，也在追求提高自己的专业技术水平，当然，也不能排除很多人就是拿文凭，就是为了图个虚名，课自己也不去上，交了钱以后，找个人代听，最后拿个文凭，这种现象也很多了。但是在这种气氛中，你会看到，他要追求这个东西，是因为这种东西能给人家一种信号，他的专业技术能力的一种信号。

因为在现代社会当中，你找工作的时候，人家不可能先去调查你的历史，然后再让你实践半年，我最初获得的你的能力的信息，无非就是这几个东西：文凭、资格证书，再就是你的简历。所以现今很多的青年人找工作，虽然这些工作很辛苦，工资待遇可能也不是特别高，但是他愿意在那儿干，为什么？他觉得这个位置未来有发展前景，说我不是为收入打工，我是为我的前景、为我的履历表打工，以后找工作时，你看，我在某某地方工作过。那么，你能在那个地方工作，就提供了一份信任，提供了对你的知识技能的一份担保。

所以我们会看到，在一个正常的社会当中，这个东西是没有办法改变的，专业技术将发挥越来越大的作用，这是没有别的东西能够挡得住的。所以，你会看到为什么现在教育这么热火？已经连续几年扩大招生，但是，现在仍然是供不应求，现代教育已经完全不仅仅是一种业前教育，大概以后慢慢要成为一种终身教育。2001 年招收的年龄最大的大学生，已经到了 62 岁。另外，你也会看到，教育仍然是一个垄断市场，就是说它的价位还是太高，参与竞争的人，还是太少。

当然我们也会看到，比如说，在我们最近做的一种求职的调查当中，就发现在这个转轨的时期，人们找工作社会关系还是发挥着很大的作用。所以说，你认识谁，这个人能给你提供什么样的帮助，你要通过什么样的社会影响，这个没有办法。因为，我们这个市场现在还发育得不是太完善，所以，在所有的调查当中，通过亲友的渠道来找到工作，还是一个主要的途径。但是，你能找到什么样的工作呢？调查显示，还是由你的专业技术能力决定的。就是这个人可以介绍你到那里去工作，但是，我总不能介绍你一个小学文凭的人去当经理吧？所以说到底找到什么样的位置，主要靠你个人的能力。

保护好你内心的梦想

在未来的社会当中，在我们中国今后的发展过程当中，如果说要建立一个有序的、合理的社会位置体系的话，那么，它起码应该满足这么两个条件，第一个条件，就是说影响和决定你这个位置的，应当是一个，我们叫做获得性的因素主要起作用，比如说你的教育、你的努力程度、你的能力、你的专业技术，还有你对机会的选择和把握，等等。而不能是我们讲的继承性的那些因素，这些因素包括你的出身、你的家庭背景，等等。如果是这些因素成为影响人们社会位置的主要因素，那么，这个社会是不可能具有活力的。

第二个条件，建立这么一个合理的体系，必须是人们获得这个位置，和他付出的成本是要相匹配的。就是说，你付出的有多大的努力成本，比如说，你受了这么多年的教育，那么，这些教育里面是有成本的，你要交学费的，你学习期间，你要吃要住，而且这是你直接的成本，还有很大一块机会成本，就是说你上学期间，你是不能挣钱的，你丧失了在这方面挣钱拿工资的机会。这两块成本加起来，是你受教育的总的成本，你付出这么大的成本，后来你得到的这个位置，还没有小学文化水平的那个人获得的收入高，那么，人们谁还去受教育？所以，一个社会应当造就一种机制，这种机制，就是应该得到的人，他能够得到。只有这样，这个社会才能够成为一个比较有活力的社会，每个人都能够凭着自己的努力，改变自己的命运，然后实现自己的抱负。每一个人都有自己的一个中国梦，那么，这个社会就会充满活力，而且前途无量。

总之我觉得，在未来，肯定是每一个人的梦想在改变着他的位置。

（本文系作者在凤凰卫视“圣凯诺·世纪大讲堂”的演讲摘要）

坐着的权利

狄　马

1955年12月1日，在美国阿拉巴马州蒙哥马利市一家百货公司工作了一天的黑人裁缝罗莎·帕克斯登上了回家的公交车。那时的公共汽车实行严格的种族隔离制，也就是说，在车厢里白人坐前半部分，而黑人只能坐在后排。可是那一天的黄昏正值下班高峰，上来的人越来越多，于是驾驶员（当然是白人）便命令坐在后排的四个黑人乘客站起来为白人让座。其中的三个照办了，只有帕克斯太太坐着未动。旋即，她就遭到逮捕。理由是蔑视蒙哥马利市关于公共汽车上实行种族隔离的法令。

这时，一位年轻的黑人牧师马丁·路德·金愤怒了。他站出来告诉大家："美国民主的伟大之处是公民有为权利而抗议的权利。"号召黑人弟兄拒乘公共车。四天后，蒙哥马利市数千名黑人由拒乘开始，掀起了一场美国现代史上黑人为争取基本人权的波澜壮阔的民主运动。他们扶老携幼、互帮互助，或乘小车或步行，甚至宁肯跑步也不乘公共车。为此，许多人被白人老板解雇。罗莎·帕克斯在多次接到白人种族主义者的暗杀恐吓后，不得不迁往密歇根州。

但他们争取平等的脚步并没有因此停顿。他们勇往直前，义无反顾。在拒乘了381天后，美国最高法院被迫作出关于蒙哥马利市在公共车上实行种族隔离的法令为“违宪”的裁定。他们回到了久违的公共车上，虽然自由的梦境并没有随着最高法院的裁定书一齐来到，此后他们注定还要为自身的权益付出更多的代价，但胜利毕竟是胜利，以至于44年过去，也就是1999年的6月15日，美国国会议员、民权领袖及各界代表近千人还齐集国会大厅，参加由克林顿总统亲自授予这个瘦弱的黑人老妪——时年86岁的罗莎·帕克斯国会最高荣誉奖的仪式，大家一致称帕克斯太太为“美国自由精神的活典范”。

这个朴实无华、通体散发着慈爱光辉的太太曾有一句著名的话：“我上那辆公共汽车并不是为了被逮捕，我上那辆车只是为了回家。”但在一个充满歧视的车厢里，坐着还是站起，确实是一个问题。克林顿引用金博士的话说：“她坐在那里没有起来，因为压在她身上的是多少日子积累的耻辱和还未出生的后代的期望。”——难道坐着也是一种权利？是的，当我们正襟危坐、西装革履开着各种有聊或无聊的会议时，当我们俯仰自如、伸胳膊蹬腿看着电影电视时，当我们铺纸研墨、故作深沉伏案工作时，我们何尝意识到坐着也是一种权利？同理，当我们把每次的演出、报告以及各种会议的前排席位让给权贵政要、名腕大款时，我们不认为我们是在放弃权利。相反，在许多场合，我们几乎是自觉地、心悦诚服地站起来以利名角登场。我发现，我们这个灾难深重的种族对“坐”几乎有一种源自“集体无意识”的仇恨。汉语辞典里有关“坐”的词语几乎全为贬义：坐等，坐误，坐牢，坐吃山空，坐而论道，坐地分赃，坐视不管，坐失良机，坐以待毙，坐井观天，坐享其成，坐山观虎斗，不一而足。

佛家把修持叫“打坐”，把入境叫“坐忘”，把死亡叫“坐化”，就是基于“坐”的立体性和安详性。当楚王的高官以宰相之位许于濮水之上，庄子是坐着的；当贵公子钟会驾轻衣肥、趋前搭讪而打铁不受影响，嵇康是坐着的；当怕狗的钱玄同，征衣褴衫，来到会馆，请大师出山，鲁迅也是坐着的。无独有偶，古希腊罗马时期，权倾四海的亚历山大来到一个木桶前，恭敬地说："我能帮你做点什么吗?"结果，蹲在里面的哲学家第欧根尼没有动，只是睨视了他一眼，说："我请你走开点，不要挡住我的阳光。"

坐着，是幸福的。

（摘自《随笔》2000年第2期）

荷兰：福利面前人人平等

朱夕朝

在荷兰生活的头几个月里，让我最为痛恨、寝食难安的是一个数字：52%——荷兰人必须缴纳的个人所得税的比例。这意味着我在那里写文章和在一所大学授课所得收入的一半以上都必须交给荷兰政府。没有什么比这52%的税率更刺激我的神经了。

随着日子一天天过去，我的愤怒渐渐被隔三差五发生的事平息。一天，有两笔“神秘”的钱汇入我的账户，每笔大约410美元，备注栏里写着“住宿和教科书费”，付款单位是社会福利局及社会保险银行。之后，每隔4个月，社会保险银行都会“不动声色”地给我的账户打入665美元，注明是“儿童福利补贴”。后来我了解到：荷兰政府提供儿童福利补贴以帮助父母解决子女抚养费用。任何在荷兰居住的父母都可以享受到政府提供的季度补贴，直到子女18岁。

那年5月，一笔总数为4265美元的意外款项打入我的账户，这笔钱是旅游费用。在荷兰，每年 5 月，几乎每个人的银行账户里都会有这样一笔度假金，即使是失业者也不例外。其理由是：如果你得不到休假，你就会变得忧郁沮丧、萎靡不振，这样的精神状态岂能找到工作？

怜悯穷苦是奠定荷兰社会福利制度的基础。虽然荷兰实行市场经济，但他们有着强烈的平等意识。多花钱就能得到更好的医疗服务的观点，是荷兰人绝对不能接受的。新修订的荷兰医疗福利方案仍在着力扩大基本医疗的范围。我在荷兰待的时间越长，觉得生活中与整个福利体系可分离的东西越少。在荷兰，人们相信的不是政府，也不是个人，而是社会。一位荷兰教师曾对我说："我们在研究美国医疗保险体系时发现，竟然那么多的人没有医疗保险！真不敢相信一个如此发达的国家会选择这样的制度。"

美国的社会福利最大的问题是，如果你失业了，你将没有收入。相反，荷兰的社会福利是相当安全的。美国也许是一个自由的国家，但荷兰人却是生活得最自由自在的国民。

（摘自《都市文萃》2010 年第 1 期）

透明的车窗，透明的社会

小　文

艾戈西是瑞典乌普萨拉市的一位议员，平时上下班或外出公干都是乘坐公交车。由于几个阶段的工作出色，前不久被任命为市议会行政署主任。按照市议会的有关规定，议会行政署主任享有驾驶一辆排气量为 1.6 升的公车的福利。

遗憾的是，艾戈西先生对这一福利却很难高兴地享受。因为他长期患有一种过敏性皮肤病症，不能长时间坐在封闭的空间里接受太阳光的照射，哪怕穿着长袖衣服，也无济于事。否则的话，身上的皮肤就会瘙痒异常，那种滋味真是难受至极。因此，艾戈西先生平时一旦坐上公交车，就要立即选择一个避光的位置，同时还要戴上一副宽大的墨镜，这样才会没有大碍。

当艾戈西先生从议会的车库里开出这辆公车时，就意识到了一个很不乐观的后果，因为车窗玻璃都是无色的，根本不能阻挡或过滤掉太阳光线。如果坐在这样狭小的空间里驾驶，给自己的皮肤带来不利影响的几率会相当大。

艾戈西明白，在瑞典，不，可以说在整个欧洲，所有公车的车窗玻璃都是透明的，很难见到车窗上贴有薄膜。之所以这样，主要是利于全体公众监督公务员专人专线专用，严禁其亲属沾光或揩油。换句话说，驾驶公车的公务员，别想在这个四面透明的小空间里耍些假公济私的“小动作”。要知道，在一般情况下，行驶在马路上的每辆公车，里面坐着什么人以及其来去方向等，都很难逃出公众或媒体的视线。在瑞典这个国度，公众都信奉这样一句格言：除了你个人的隐私，其他的一切都应该是透明的。

任何事情都不是绝对的，艾戈西向议会提出申请：能不能网开一面，在他任职期间，让他自费给这辆公车的玻璃贴上咖啡色薄膜，理由是自己的皮肤对太阳光异常敏感。然而他的申请立即遭到了议会的否决：公车的车窗上贴上有色薄膜，就会引起公众的错觉和媒体的关注，以为这辆公车带有某种神秘色彩，公众一旦予以追问，市议会该做出什么样令人信服的解释呢?

当然，市议会针对艾戈西的特殊情况，也提出了一种人性化的解决方法，还是让他一如既往地乘坐公共交通工具，但每月发给他 2500 瑞典克朗的交通补贴。用市议长的话来说就是：解决这样的特殊事情，就法律层面而言，只能妥善，决不能妥协。

（摘自《读者》2008 年第 20 期）

国王在上帝和法律之下

刘念国

“你很想见我吗?”

“是的。因为你是美国总统。”

“你知道美国总统是干什么的吗?”

“美国总统是管美国人的。”

“唔……”克林顿用手托着下巴，深思了片刻后，很认真地说，“应该说是美国人民管美国总统。”

这是美国前总统克林顿三年前访问中国西安时，与一个七岁小姑娘的对话。显然，克氏当时的回答不是在故作矜持，“president”（总统）一词在美式英语中还可以做以下解释：社团或协会主席、商会会长、主管等等。换而言之，“president”就是全体美国民众雇佣的“管家”，他的一切权力都是由民众赋予的，所以理应归民众“管”——监督。克氏当时正因为“拉链门”丑闻被国内舆论批得七荦八素，因此对总统要受民众管似乎更加深有体会。

众所周知，美国舆论自由的基石是《美国宪法第一修正案》："任何一州都不得侵犯言论自由或良心的平等权利或新闻出版自由的平等权利。"在执行这条修正案方面，美国最初几位总统都是伟大的实践者。弗伦诺是在报纸上批评总统的第一个报人，他指责华盛顿"高高在上，以致认为偶尔到人民中间去一下是有失身份的"。

对于当时报上经常出现的批评和攻击之词，华盛顿采取了容忍的态度。

美国第三任总统杰斐逊对待舆论自由的态度更加让人肃然起敬。他曾说过，他宁要"没有政府的报纸"，而不要"没有报纸的政府"。在他的任期内，他不断遭到报纸的批评乃至人身攻击，甚至被指责是"无耻的妓女"，对于这一切，杰斐逊令人难以置信地容忍了，他在给朋友的信中写道："我情愿将自己捐献出来，作为一次伟大实验的对象……以证明所谓舆论自由与治理有方的政府互不相容这一借口的欺骗性。"

毫无疑问，华盛顿和杰斐逊都是人格伟大的领袖，他们对待批评（不管正确与否）的宽容有相当一部分源自他们作为杰出政治家的素养。然而，谁也不能否认的是，正是由于有了《美国宪法第一修正案》的存在，才彻底确保了美国民众舆论的自由。

"人非圣贤，孰能无过"。其实总统也好，国王也罢，都是和你我一样食人间烟火有七情六欲的凡夫俗子，他们也都有可能会因为头脑发热、思想短路而犯下这样或那样的过错。尽管"万物生而平等"这样华丽的字句路人皆知，可由于他们的手中掌握着至高无上的权力，挑战他们于是变得异常艰难——不仅需要法律与公正作为坚强的后盾，更需要超凡的胆识和过人的勇气。也正因为如此，以下这三个挑战强权的故事才会如此让人津津乐道，那些挑战强权的勇士才会如此地令人肃然起敬，那些为了捍卫自由而存在的法律才会如此让人不惜用鲜血乃至生命来捍卫。

国王在法律之下

1608 年，英国国王詹姆士一世表示希望亲自进行司法审判，当即受到了法官们的集体反对，他们的理由是："诉讼只能由法院单独作出判决。"可詹姆士一世固执己见，认为既然法律基于理性而他自己与法官一样是具有理性的人，那么由他进行司法审判也是合理的。

针对国王的这个结论，当时的大法官柯克反驳道："的确，上帝赋予了陛下丰富的知识和非凡的天资，但陛下对英格兰王国的法律并不精通。涉及陛下臣民的生命、继承、动产或不动产的诉讼并不是依自然理性来决断的，而是依人为理性和法律的判断来决断的。法律乃一门艺术，一个人只有经过长期的学习和实践，才能获得对它的认知，鉴于此，陛下并不适合进行司法审判。"

詹姆士一世闻言勃然大怒，指责大法官柯克公然挑战国王的权威，将构成叛国罪。而对国王的威胁，柯克的回答异常坚定："国王在万人之上，但是却在上帝和法律之下。"

判定总统令违法

朝鲜战争爆发后的 1950 年 12 月 16 日，美国总统杜鲁门宣布全国处于"紧急状态"，随后发布 10340 号行政命令，要求商业部长征用某些钢铁公司的厂房和设施。而钢铁公司的老板们以总统的命令缺乏法律基础为由，起诉执行命令的商业部长。官司一直打到最高法院，最后，最高法院以 6∶3 的压倒多数判定总统令违法。

当时的裁决书中这样写道：……如果总统具有任何权力下达命令，那么它必须来自国会法案或宪法本身。但我们找不到任何立法以明确授权总统在本案中占据财产，也不存在国会的任何法案能清楚地蕴含这类权力……本案中的执法行动产生于总统的个人意志，并代表没有法律基础的权力……

因为总统下达的命令“没有法律根据”，因此“判定总统（命）令违法”。

一家报纸告倒两个国家

20 世纪 90 年代，鉴于摩洛哥积极要求加入欧盟，欧盟曾委托一个叫“毒品地缘政治观察”的机构就该国的大麻生产和走私提出了一个秘密报告，并且摘要公布了它的内容，但删除了走私者的姓名。

后来，法国《世界报》搞到了秘密报告的原始文本，并于 1995 年 11 月 3 日在该报的头版报道说，摩洛哥的大麻种植面积近 10 年增加了 10 倍，成了世界上最大的大麻出口国和欧洲的最大供应国，摩洛哥的大麻生产和走私牵涉到从普通公务员到王室亲信的各级人员。报道点名提到了一个前省长，不点名地提到了两个王室成员、两个前部长和一个议员。文章还几次提到摩洛哥国王哈桑二世本人，说他提出的“向毒品开战”是出于“宣传”和“维护国家形象”，因而对他打击大麻走私的意愿提出了质疑。

这篇报道立刻激怒了摩洛哥当局，摩洛哥国王哈桑二世指控《世界报》“从言语上冒犯了一位外国元首”，正式要求法国外交部长沙雷特起诉该报，追究其刑事责任。

法国的新闻法于 1881 年确定后，一直沿用至今，该法第 36 条明确规定有“冒犯外国元首罪”，依据这一条款之规定，两个国家当局对《世界报》的控告正式立案。

半年之后，受理此案的巴黎轻罪法庭作出判决，对《世界报》免予起诉。摩洛哥国王和法国外交部对判决不服，提出上诉。

1997 年 3 月，巴黎上诉法院判定法国和摩洛哥一方胜诉，说《世界报》“有意让公众注意哈桑二世国王身边人的责任”，是“居心不良”。随后，法国最高法院的刑事法庭又驳回了《世界报》的申诉，同样认为《世界报》“居心不良”。

在国家最高司法机构面前败诉后，《世界报》转向了欧洲人权法院，依据《欧洲人权公约》的有关规定，2002 年 6 月 25 日，欧洲人权法院最终宣判《世界报》胜诉，从而推翻了法国的司法判决。该法院在判决书中特别指出，赋予国家元首一种“超越普通法范围的身份”，使之仅凭借其职位或身份即可免受批评，这等于赋予了他们一种“过分的特权”，这是“跟现代政治的实践和社会不相容”的。

伴随着《世界报》的胜诉，一条束缚了法国舆论自由一百多年的陈腐法律将最终被彻底埋葬。

（摘自《年轻人》2002 年第 11 期）

女议员与清洁工

徐恒足

今年 58 岁的弗里德里希女士，从 1998 年到 2004 年曾任德国联邦议员，2005 年初退出政坛后，生活日渐拮据。按照德国法律规定，当议员 7 年可领 7 个月的过渡期津贴，每个月 7000 欧元。之后，要等到年满 65 岁，才有资格领取每月 1600 欧元的退休金。

为了维持生计，弗里德里希花了近半年时间去各大公司求职。但用人单位以她年龄太大、太出色、太自信为由予以拒绝。无奈之下，弗里德里希放下身价，卷起袖管开始当清洁女工。

一个当了六七年联邦议员的“大官”，退出政坛后竟找不到工作，卷起袖管去当女清洁工，实在让人匪夷所思。其实，凭她的才干，凭她多年从政的经验，完全有条件找一份好差事。是她没本事吗？当然不是。没本事能当上联邦议员吗？是她没关系吗？也不是。从政这么多年，社会上不可能没有一些关系。她自己也承认有两家保险公司曾请她做代表，但她认为有些人看重的并不是她的人，而是她的“关系网”。如果以“关系网”谋职，虽能解决暂时的困难，却会因此损害公众的利益、玷污自己的人格。所以，她宁愿当清洁工，也不依赖“关系网”，并宣称：“这不是我要干的事情。”弗里德里希的这种选择，从表面上看似乎迂腐而固执，实质上充满着自信与自尊。

据有关资料反映，弗里德里希式的德国官员并不鲜见。法兰克福 50 岁的国会议员皮斯特“下岗”后，就做了一家酒店的门童；48 岁的下萨克森州前部长因一时找不到工作，当了保姆；而竞选失败的吉夫霍恩前市长则重操旧业——做泥瓦工……很多德国官员表示：“这没什么，生存最重要，工作不分好坏。”

“没什么”是一种感觉，也是一种心态。很多德国人就是这样：重生存，轻名分，讲实惠，淡虚名。这一点是很令人敬佩的。什么时候，这成为一种共识、成为一种共有的心态了，我们也就不需要再喊“能上能下”和“能官能民”了。我想，那绝对是一个值得庆贺的进步。

（摘自《文汇报》2007 年 10 月 14 日）

总理道歉

〔新西兰〕聂　茂

前一段时间，新西兰各大媒体都在报道总理海伦·克拉克因个人“行为过失”而严肃道歉的事。

我发现电台、电视台的“铁嘴”主持人和各个媒体的“挑刺”记者对堂堂国家总理一点都不讲情面，有些用词用语，我甚至感到有些过分。

那么，究竟是什么样的大事让新西兰人对自己的总理大加抨击呢？

原来，三年前，在一次为慈善机构募捐的活动中，当时还是“反对党”领袖的海伦·克拉克，在一幅小小的油画上签下了自己的大名。她当时大约没有想得更多，只是想自己的名字能让这幅小小的、普通的油画增值。我觉得她当时一定是这么想的，因为，她在这同一幅油画的背面竟接连题签了“海伦·克拉克”两次。

想不到，备受责难并使她在电视上公开道歉的竟是这么一件小事。

在没有认真了解这件事情以前，我看到克拉克总理一脸不幸地在电视上

“apologize” (道歉)，便以中国人特有的思维想：这克拉克一定拿了人家一笔大大的签名费。虽然当时她还不是总理，但“在野党”头目的身份也够沉甸甸的了。我想起在中国，有些干部或所谓名人的“题名”、“题字”、“题词”费就高得吓人（我的出生地湘南某县的一个“七品”都够不上的局长每年还总能收到一些企业敬送的“墨宝费”呢），一些单位还变着法儿让有“恩”于己的领导或关键衙门的老爷肥赚一摞所谓的“润笔”费，不少大厦或城市标志性建筑上那些歪歪扭扭的“大手笔”背后都有这样的故事。

然而，当我了解到事情的真相后，我为自己上述想法感到羞愧！

不错，海伦·克拉克题名后，那副小小的、普通的油画身价倍增，最后竟以2000元新币被一阔佬买去。有人开玩笑说，克拉克当时的名字就值1000元。可是，克拉克本人没有收取一分钱的“签名费”，这些钱当天就被慈善机构悉数拿去。

那么，当了总理，而且民众支持率一直很高的海伦·克拉克，为什么在此事情上要严肃认真地向公众道歉呢？

关键的问题是“签名权”。

在新西兰这个法制健全的国家里，油画像书籍一样，作为一种精神产品，只有作者本人有权在上面签下自己的大名，否则就是侵权，是欺骗，是不诚实的行为。哪怕是善意的，一如克拉克为慈善机构作奉献，都不允许。在这儿，评价一个人的头一条就是看你是不是诚实，如果你不诚实，那么，无论你有多高的智慧、多深的学问、多少的财产，对不起，一票否决：你在这儿不受欢迎。

这件事，对我心灵的冲击很大。我觉得这儿的总理真不好当，每年，她总要有那么几起在电视上公开“道歉”的事发生。总理有没有“心理包袱”我不清楚，反正当地人对此早已司空见惯。在他们的意识里，总理不是“大家长”，而是他们的“大管家”。既然是“管家”，出了问题，当然就得向大家赔礼道歉。

有一次，我对邻居一位新西兰老大妈说：“在新西兰当官真没啥油水！”老大妈看了我一眼，不紧不慢地说：“先生，我可以骄傲地告诉你，我20年如一日，在市政府调查室做义工，天天吃自己的饭，开自己的车，除了我接触的人知道有这么一个老婆子外，人家连我的名字都不知道呢！我有油水吗？可我是工作者，我快乐……”老大妈最后一挥手，意味深长地说：“值啊！”

老大妈那高高举起的手像一面旗，在我的心中久久地飘扬。

（摘自《羊城晚报》2002年7月13日）

汤姆的眼珠会掉下来

查小欣

儿子念小学二年级时，一日放学回家吃点心，我跟他闲聊，问他学校当天有没有特别的事情发生，他闲闲地说："没什么，只是汤姆的眼珠子掉了出来，我们替他拾回去，他在饮水机洗了洗，放回去了，但没消毒，我担心会有细菌。"

我不太相信自己的耳朵，又不想显得大惊小怪，问："是不是妈妈听错了？你是说汤姆的眼球吗？"

"是，他的眼球不知为什么老是掉下来，可能需要换一颗大一点的。"儿子就像在说汤姆的校服衬衣需要换大一点般轻松平常。

我细问汤姆的眼球掉下来的原因，儿子理所当然地说："他的左眼失去了眼球，医生替他放了一个假的进去，看起来跟真的没分别。但没实际用途，他的左眼仍是看不到东西。"

同学们对于汤姆瞎了一只眼睛的事实很容易接受，不会歧视或取笑他，跟他相处与其他同学无异。汤姆的眼球随时会掉下来，大家也不会把他看成怪物，就只管替他拾回眼球，像拾回一个乒乓球，没有惊恐尖叫，不当作一回事。

儿子的另一个小学同学约翰过生日，在他家大厦的花园开生日派对，我陪儿子前往。一班同学都到了，唯独不见约翰，我又借此机会教导儿子守时的重要性，作为主人也迟到，太不礼貌，令客人感觉不被尊重，儿子却解释："约翰向来比较慢，我们一班同学都理解，所以不会介意。"

看到约翰拖着妈妈的手，一脸真挚笑容地迎面走过来，我感到十分惭愧，想马上收回刚才的评语，原来约翰是唐氏综合征患者。同学们并没有认为他迟钝、智商低，只是"比较慢"，不觉得他异于常人。约翰跟同学们相处融洽，大家没有特别迁就他、呵护他，他玩游戏输了同样要受罚。

我在旁边看着，很赞赏学校实行人性化的融合教育，在每班录取两三名智商有问题或身体残障的同学，贯彻"一视同仁、伤健一家"的精神，小朋友自幼从现实生活中学到"人人平等"的观念。学校和家长无须特别严训孩子不要歧视残障人士。有时在街上会听到大人阻止子女用好奇的目光看失明、四肢不全、兔唇、唐氏综合征人士，又或当众跟子女说："你不应这样盯着人家，他会很尴尬，他已经很不幸了，我们应同情他，帮助他。"家长以为这就叫家教，其实是好心做坏事，这是在往伤口上撒盐，要教就应早在家里教了。

春风化雨，学校不单教学问，也教普世价值、正确观念，用的不仅是书本和考试，还要在日常生活中潜移默化，把这些观念融入孩子的血液中。

（摘自《南都周刊》2015 年第 9 期）

别出心裁排座次

张达明

由上海文艺出版社出版的《易中天文集》，共16卷400多万字，内容涉及文学、美学、艺术、文化、历史、哲学和时事。对于易中天来说，能将自己近年来的呕心沥血之作结集出版，是他一直以来的最大心愿，现在终于如愿以偿，这甚至要比走红《百家讲坛》更让他高兴。他决定举办一个《易中天文集》首发式以示庆贺，并敲定了邀请嘉宾的名单，其中有一些官员，更多的则是学者。

嘉宾的座次排序让易中天犯了难。他想起此前发生的两件事：一次，他受邀参加一所大学的校庆仪式，他发现，坐在主席台前几排的均是显赫的党政官员，而该校几位名教授尽管都已白发苍苍，却被挤到最后一排作为点缀，许多为该校作出巨大贡献的老教授连上台的资格都没有。这让他很是反感，曾想退场以示抗议，硬被朋友劝住，才勉强熬到了仪式结束，连饭也没吃就走掉了。他后来说："改革的道路非常艰难，如鲁迅先生所说，就像搬动旧屋子里的一件东西都会流血。都说中国知识分子清高、有骨气，而一旦让知识分子充当冲破旧思想、旧观念的勇士，有些人便嘴上一套、行动上另一套，成为‘两面人’，亵渎了知识分子这一神圣的名号。”还有一次，他去参加一个婚宴，婚礼仪式开始后，竟按职务大小宣读来宾的名单，并依次安排座位。那顿饭，他用“令人作呕”予以总结。

经过苦思冥想后，一个绝佳的嘉宾座次排序方案在易中天脑中形成，并决定付诸实施。2011 年 5 月 22 日，《易中天文集》首发仪式在北京举行。主持人在请出主角易中天后说：“请允许我按照易先生别出心裁的设想，以年龄为序介绍出席本次活动的嘉宾。第一位是著名法学家、84 岁的张思之先生，第二位是 82 岁的经济学家茅于轼先生。”易中天接着主持人的话茬儿说：“张思之先生是我非常崇敬的人，他的风度、正直、善良、良知，永远是我学习的榜样。以他 84 岁的高龄和著作等身的学术成就，理应排在第一位。而茅于轼先生则是学术界公认的正直而善良的好人。我这次到北京来，给他发短信说我要拜访他，他说我也可以去看你，我说天底下哪有先生看学生的道理，当然是学生拜见先生。茅先生马上回了一条短信：我主要是怕你在北京不认识路。想得这么仔细，这样一位正直、善良的老人，值得我们所有人崇敬。”话音刚落，引来如潮的掌声。主持人继续按年龄宣读嘉宾的座位顺序，尽管有些被邀嘉宾官位显赫，却因年龄的原因，座位被排在了后面。

易中天的“另类”座位排序引起了记者们的极大兴趣，纷纷向他打问此做法的目的，易中天只说了一句话：“就是想借此破一下‘官本位’的固有思维。”

（摘自《新聊斋·金视点》2012 年第 2 期）

排排坐，吃果果

谭　薇编译

最近一次在白宫设宴招待英国首相戴维·卡梅伦时，奥巴马夫妇异乎寻常的“亲密”举动让媒体津津乐道了好一阵子：夫妇俩并未按惯例与宾客交错就座，而是紧挨着坐在了一块儿。

“想象他们在桌下用脚尖轻蹭对方，我觉得挺有趣。”《纽约时报》记者朱迪斯·纽曼在其专栏中写道。只不过，如此“情趣”，偶尔为之尚无可厚非，长此以往，必会“天下大乱”。要知道，在任何国家、任何时代，座次礼仪的背后都有着极严格的等级秩序与权力法则。

座次的权力法则

里根总统的首席司仪席尔瓦·罗斯福曾感叹：“战争打乱了我们的座次……哪

怕是出类拔萃、神智健全的人，也会因为感觉被蔑视而大动肝火，状如疯魔。”在17世纪的伦敦，俄罗斯特使和法国大使曾因宫廷舞会的座次而起争执，最后竟发展到以决斗定高下；20世纪60年代，美国副总统林登·约翰逊应邀前往总统肯尼迪家中做客，当他发现自己被安排到“下座”时，脸上显出愤怒到近乎绝望的神色。

即便是权势显赫者，亦未能幸免于“座次的焦虑”。为此，席尔瓦专门制作了一份巨细靡遗的白宫座次表。令她至今仍记忆犹新的是，有一次，新来的助手竟自作主张地将以色列与沙特阿拉伯、希腊与土耳其这两对“老冤家”的座位分别安排在了一块儿，险些酿成大错。

除了尽量避免“冤家路窄”的局面之外，白宫的礼仪司还应谨记一些原则。“每个人都希望坐在奥巴马夫妇身边。”一位华盛顿元老指出，“所以如果他俩坐到一块儿，就相当于浪费了两个贵宾专座。”

这样的原则同样适用于日常生活。根据礼仪作家帕特里夏·罗西的建议，夫妇或好友应当与其他宾客交错而坐，以便其克服“惯性”，建立新的联系纽带，所谓“不破不立”即是如此。更重要的是，健谈者应被安排到餐桌两边的中心位置上，这样一来，其能量便可辐射全场，兼顾各方，从而避免出现冷场的尴尬局面。

座次创造机遇

“事先安排座位是最得体的做法。每一场派对都可以归结为座次问题。”这便是策展公司Save the Date首席执行官珍妮弗·吉尔伯特的经验之谈。即便是在自己家中招待客人，只要对方人数超过6位，她都会主动安排座位。在她看来，联络人的“不作为”是一种相当“恶劣”的做法，她说：“我会帮人们牵线搭桥，通过座次安排来创造商机。让有创意的人和有资本的人坐到一块儿，事情就是这么简单。”

席尔瓦亦曾有过类似的成功经验。某次她专程赴会，只为一睹世界著名男高音普拉西多·多明戈的风采，并且“幸运地”坐在了偶像身边。不仅她的生命中从此多了一位良师益友，华盛顿国家歌剧院更于数年后迎来其历史上最重要的领袖人物之一。说服多明戈出任歌剧院院长的，正是席尔瓦。在此后数年中，凭借其深厚的人脉与丰富的经验，多明戈力挽狂澜，将华盛顿国家歌剧院打造为世界顶级音乐机构。用席尔瓦的话来说，若非当晚两人的近距离接触，在相互攀谈中发现了对斗牛及其他西班牙文化的共同爱好，“这一切或许永远也不会发生”。

没有事先安排座位，也不全是因为主人的懒惰或疏忽。据吉尔伯特透露，其客户中不乏“自找麻烦”者。譬如，最近有一位新娘不希望自己的婚宴看上去太过“拘谨”或“古板”，而是尽可能地营造出“轻松随意”的氛围。然而，实际结果却与这美好的初衷大相径庭：一位伴娘及其未婚夫竟与未婚夫的前女友在餐桌的一端狭路相逢。或许，我们不应给客人们太多自由。

吉尔伯特坚称人人都爱座次表，然而，不识主人良苦用心的亦大有人在。作家斯宾塞（化名）在朋友圈中以健谈著称，几乎每次聚会都被委以重任，成为座次表的权力中心。用他自己的话来说，看似风光无限，实则烦恼多多。“每次都得坐在一堆来自郊区乃至大洋彼岸的七大姑八大姨当中……三教九流一应俱全。我只能看着朋友们在不远处谈笑风生，暗暗羡慕不已。”

鉴于此，无论对主人还是宾客来说，派对的规模越小，出错的可能性也越小。一味追求气派，结果不是一鸣惊人，便是一蹶不振。数年前某著名体育教练在其别墅中举办的“无头派对”即为前车之鉴。被邀请的客人中既有平日里疏于往来的街坊邻居，亦不乏商界精英、社会名流。客人们陆续到达之后，主人却神龙见首不见尾，直到晚宴正式开始，主人才在餐桌的另一头现身。“他打量着我们，眼中突然出现某种奇怪的神色，接下来他说了一句令我们瞠目结舌的话：‘我想去洗个澡，马上就回来。’”当晚的客人之一、邻居格雷格·尼科尔斯回忆道，“当然，直到最后，他都没有再次出现”。

（摘自《第一财经日报》2012 年 6 月 7 日）

不必人人都一样

rubylulu

在国外的时候，看到了许多自由自在的生命，他们奋力工作，奋力去玩，做任何事都尽情尽兴。并不是要完全认可他们的价值观，可是他们给了你一个角度去思考，是否真的要为自己的人生如此设限。

以前同办公室的津巴布韦女生，不喜欢自己的国家，只身来到伦敦生活，发现未婚夫对她不忠诚，迅速了结感情，找了一个小她 5 岁的实习生男友，开始新生活。

室友的同事，双胞胎孩子的单亲妈妈，孩子白天放日托，晚上自己照顾，坚持不与前夫复婚，原因是她清楚地知道自己不愿意再照顾第三个孩子。

室友的朋友，一个近 50 岁的阿姨，为女儿找到了一个食杂店收银员的工作而激动不已，拍手叫好。这些人的生活，你能理解吗？这些人的快乐，你能明白吗？这些人的选择机会，你会给自己吗？

回到孩子的教育上，对每个交谈过的孩子我都会说，去远一点的地方念书吧，尽量看看更大的世界。看得越多，也许就越知道该如何选择，如何前进。越多思考，也就越知道哪个部分的自己是无法改变的，你必须尊重自己是什么样的人，让这个自我，做最合适的事情。

小孩 A，是一个温和的小姑娘，她说话声音很可爱，大家很容易喜欢她。她会写文章，文字柔韧有力量。她没有很强的上进心，成绩不是很好，妈妈一直很焦虑。上了大学，妈妈又要她考研。在我心里，如果她多看书，坚持写作，以后去报社做个小记者或者编辑，安安静静地生活就很好。

小孩 B，是一个涂很多发胶的小男生，他总是斜着眼睛看人，对沟通很抵触。他以前是个小混混，刚重回校园，还处于很自我的阶段，爸爸也是要求他考名牌大学。我觉得，引导他去学点技术，以后做销售，发挥一点小混混的潜质，也会有一片天地。名牌大学，不是每个人的目标。

小孩 C，是一个安静的小女孩，钢琴弹得好，成绩很好。家长希望她更加开朗，为人热络一些。在我心里，她会慢慢成长成一个有诗书气质的小美女，在大学校园里弹弹琴，念念书，她会成为男生眼里的风景，即使不善言辞，并不妨碍她内心有一个闪闪的太阳。善于交际，并非必需的性格特质。

小孩 D，是一个我素未谋面的小孩。父母忙于为事业打拼，孩子学习成绩不好，他妈妈要了我的 QQ 号，非要小孩和我聊天。某天我一上线，小孩问我，你就是我妈说的那个成绩很好的人吗？你要和我说什么？对小孩的妈妈，我当下很无语。你自己十几年没有好好引导孩子，指望我一个陌生人改变小孩内心的不安和反感，这可能吗？健康的心态，需要父母的耐心和体谅，慢慢培养。

请尊重每一个个体对自己生活的选择，请相信并不是大家眼里的好才是好，请看清自己内心是否困扰，是否迷惑。如人饮水，冷暖自知，内心的富足和快乐，绝非世俗的引导，而是自己的选择。

（摘自《科技新报》2013 年 6 月 26 日）

做人

蔡　澜

不知道是什么时候，我变成了美食家。

大概是在从某报纸上写餐厅评论开始的。我从不白吃白喝，好的就说好，坏的就说坏。

为什么读者说我的文字引人垂涎？那是因为每一篇文章，都是我在肚子特别饿的时候下笔的。

被称为“家”不敢当，我更不是老饕，只是一个对吃有兴趣的人，而且我一吃就吃了几十年，不是专家也变成专家。

“我也吃了几十年啊！”朋友说。当然，除了爱吃，好奇心要重，肯花工夫一家家去试，记录下来不就行了吗！每一个人都可以成为美食家啊！

不知道是什么时候，我变成了茶商。

茶一喝也是数十年，这是因为来到香港，人人都喝茶的关系。我特别爱喝普洱茶，普洱茶在珠江三角洲一带特别流行，连原产地的云南人也没那么重视。

不过普洱茶是全发酵的茶，一般货色有点霉味，我找到了一条名人古方，调配后给友人喝，大家喝上瘾了就一直向我要。

不惧麻烦地制出商品，就那么糊里糊涂地成为茶商。

不知道是什么时候，我卖起零食来。

也许是因为卖茶得到了一点儿利润，我对做生意就产生了兴趣。想起小时候奶妈废物利用，把饭焦炸给我们吃，便将它制成商品出售而已。

不知道是什么时候，我开起餐厅来。

既然爱吃，这个结果已是理所当然的事。在其他食肆吃不到猪油，只有自己做。大家都经历过挨饿时吃猪油捞饭的日子，同道中人不少，如今大家分享，何乐不为?

不知道是什么时候，我开始生产酱料。

干的都是和吃有关的行业，又看到 X0 酱的鼻祖韩培珠的辣椒酱给别人抢了生意，就激起她的兴趣，请她出马做出来卖，结果成绩尚好，便再加一样咸鱼酱。

不知道是什么时候，我有了一间杂货店。

各种酱料因为坚持不放防腐剂，如果在超级市场分销，没有冷藏吃坏人怎么办？只有弄一个档口自己卖，一定要放入冰箱，才能达到卫生标准，所以就开了那么小小的一间。

不知道是什么时候，我写起文章来。

抒抒情，又能赚点稿费贴补家用，多好！稿纸又不要什么本钱。

不知道是什么时候，我忘记了自己的老本行是拍电影。

从 16 岁出道就一直做，也有 40 年了。我拍过许多商业片，其中只监制过 3 部三级电影，却给人留下印象，再也没有人记得我监制过成龙的片子，所以我也忘记了我是干电影行业的。

这些工作，有赚有亏，说我的生活无忧无虑是假的，我至今还是两袖清风，得努力保个养老的本钱。“你到底是什么身份？电影人？美食家？茶商？开餐厅的？开杂货店的？做零食的？卖酱料的？你最想别人怎么看你？”朋友问。“我只想做一个人。”我回答。

从小，父母就要我好好地做人。做人还不容易吗？不，不容易。“什么叫会做人？”朋友说，“看人脸色不就是？”不，做人，就是努力别看他人脸色；做人，也没必要给别人脸色看。

大家都是平等的。人与人之间要互相尊敬，所以不管对方是什么职业、是老是少，我都尊重。

看惯了许多人为了一点小利益而出卖朋友，甚至父母兄弟，所以我学会了宽恕。人，到底是脆弱的。

年轻时的疾恶如仇已成过去，但会做人并不只有圆滑，有话还是要说的。为了争取到这个权利，得付出更多。现在，我对自己要求的也只是尽量能说要说的话，不卑不亢。

（摘自《山东商报》2014 年 7 月 8 日）

施恩的最高境界

姜　莉

入冬时，陈太太带着孩子去纽约与先生团聚，并把孩子送进了一所公立学校念书。

纽约的冬天真是冷极了，暴风雪几乎是家常便饭。有时几尺厚的积雪使部分公司和商家不得不暂时歇业，可是公立小学却依旧照常开课。接送小学生的公车艰难地爬行在风雪路上，按时将孩子们接来送往。

陈太太像许多家长一样，对校方的这种做法很不理解：有必要非得在这样恶劣的天气里让孩子们去学校吗？她忍不住打电话给学校，打算向校方提出停课的建议。待陈太太说明原委后，校方的答复却令她感动良久：“正如您所知，纽约是富人的天堂，穷人的地狱。不少穷人家庭冬天甚至用不起暖气，把那些孩子接到学校来上学，他们不仅能拥有一整天的温暖，还能在学校里享受到免费的营养午餐！”

感动之余，陈太太灵机一动，自认为想出一个两全其美的法子。她又打了一个电话："为什么不在有暴风雪时，让家庭条件好的孩子们待在温暖的家里，只接送那些贫穷人家的小孩去学校呢?"

这一次，校方的回答不仅令陈太太热泪盈眶，而且终生难忘。校方回答说："施恩的最高境界应该是保持人的尊严。我们不能在帮助那些贫穷孩子的同时，践踏他们的自尊。"

（摘自《商界》2009 年第 7 期）

父母也有权利

佚　名

许多人身为家长，但缺少养育子女的正确方法，结果总是为子女忧虑操心，他们忐忑不安地一再向心理学家、精神病医生和儿科医生请教："我做得对吗？"或"如果我这样对待我的孩子，是不是犯了错？"

学校教师也注意到家长的这种局促不安的态度。"他们十分内疚"，一位校长说，"担心自己管教孩子的方法是否正确。我们应付家长所耗费的时间，跟花在孩子身上的时间一样多。"

许多父母感到问心有愧，便不知不觉和孩子达成协议："因为我觉得有愧，而且不清楚我教养你的方法对不对，所以我现在要放弃个人的权利自由，全心全意照顾你，作为一种补偿。"这是不合适的。孩子有权受尊重和了解，有权保持自己的感受和表达这些感受。可是父母也有权利。能毫不犹豫地运用权利的父母，比不断姑息孩子的父母更能尽教诲之责。

为求父母和子女之间的公平相待及保持家庭宁静，我提出几点父母应享的权利：

你有权保持自己的感受，也有权向孩子表达你的感受　许多父母不满孩子的所作所为，一天到晚在生闷气，敢怒而不敢言，唯恐一旦有所表示，便会对孩子有坏影响。这完全是错误的，不要压抑自己，应爽快地说："小德，你这种自作聪明的行为，我受够了！今天最好不要再惹我生气。"

你是一家之主，有权作任何决定　我知道有些父母竟然问子女他们应否迁居新屋；也有的离婚夫妇要求子女批准他们再婚。当然，有些事应该和孩子商量甚至让他们发表意见，但不是这类问题。

孩子要是知道自己可以操纵软弱无能的父母，但长大成人后，发现实际生活中并没有人纵容他们，便有吃苦头的日子了。父母纵容子女为所欲为，内心也会感到羞愧，甚至厌恶自己，许多父母容许十几岁的子女在电话机旁说个没完没了，或把立体音响开得震耳欲聋而不吩咐他们调低音量。容忍孩子的无礼或令人不悦的行为，对父母和孩子双方都不好。身为家长的感受应该是："我是家长，家有家法，我说得对的事，孩子就要照着去做。"

家庭关系中应以婚姻为重，和孩子的关系次之　现在许多家庭以孩子为中心，而不是以婚姻为中心。这种心理并不健康。婚姻应该保持其固有的重心，如果父母的婚姻幸福、稳定，孩子也一定得益。

你有权偶尔放下做父母的责任　我们如果工作的时间太长，或工作太紧而没有假期，那么也会使工作变得乏味。做父母的道理也一样。爸爸和妈妈有时也应该把孩子交给祖父母或保姆照顾，周末去享受一下。我赞成做父母的每年带全家大小去度假，但夫妻俩也应该时而自己出外舒畅一下。

教养子女时，你有权犯错　我们无论学什么新技巧——玩桥牌、打球、骑车、弹钢琴——都要犯上无数的错误才学得会。为什么学教养子女这种复杂的技巧却要例外？所以我奉劝做父母的："勇敢地去莽撞！做下去，犯错误也不要紧，但要更勇敢地相信，你教养孩子的整个路子是得法的。"

你有权发展自己的事业，培养自己的兴趣　为人父母不是你一生中唯一的任务，你也是个要追求自己的兴趣和满足自己需要的人。假如你的生活圈子全以孩子为中心，这在心理上并不健康。既然如此，那你就必须满足自己的需要、愿望、抱负和发挥自己的才能。因为你若不能满足自己的需要，也就无法满足子女的需要。

你有权做个不完美的人　你在心情不好时，可能会脾气坏、不讲理、偏见、固执，间或对孩子大发雷霆，放纵自己，但我们身为父母的人，有权按自己的本来面目做个不完美的人。

你有权保存自我　每个孩子都有自己的个性，就像指纹那样独特。他有权保存他独特的自我，不能硬把他挤压入一个模型中。让你的孩子成为他自己吧，那么你就会教养一个快乐而心理健康的人。这套道理对做父母的也一样适用。所以你可使用你独特的方法教养孩子，鼓起勇气照自己的方式做丈夫妻子，而最重要的是做人父母！

（摘自《读者》1987年第8期）

你能做任何事

〔美国〕苏珊·梅·格登伯格 / 文　　关　月 / 编译

1968年，我还是个20岁的儿科见习护士，正处于从学生过渡到正式护士的阶段。那时候，我认为，在儿科当护士比在心血管科或者手术室当护士要容易得多。

克瑞斯是一个8岁的小男孩，浑身似乎有使不完的劲，他因为到邻居家尚未完工的建筑工地去玩，并且爬了梯子，结果跌下来，把胳膊摔断了。他的被摔断的胳臂因为裹扎得太紧而受到了感染，里面淤积了脓毒，产生坏疽。在这种情况下，除了截肢，别无选择。

我被指派为护理他的护士。我在为克瑞斯做健康检查的时候尽量显出高兴的样子。在检查过程中，他的父母一直在旁边陪伴他。

随着对他的药物治疗的逐渐减少，克瑞斯对自己的病情也知道得越来越多。而一旦明白了自己的处境，他的情绪就日益低落，整天闷闷不乐。当他看见我拿着洗浴用的清洗棉球进来时，眼里立即流露出戒备的神色。我把毛巾递给他，建议他接过去。他只洗了脸和脖子，就停下不洗了。我帮助他洗完澡。

第二天，我告诉他，他必须自己独自洗澡。他不肯。我坚持要他这样做。他洗到一半，突然跌坐在地。他说："我累极了。"

"你不会在医院里待一辈子的，"我轻声告诫他，"你必须学会自己照料自己。"

"噢，我做不到，怎么样？"他怒气冲冲地说，"我只有一只手，能做什么？"

我立刻换上一副最最明丽的笑脸，同时，急急运用我的大脑，希望能够发现一丝希望之光。最后，我说："克瑞斯，你要相信自己能够做到。至少你还有右手。"

他把头转向别处，低声咕哝道："我是左撇子。至少过去是。"然后，他又怒目瞪视着我。突然，我觉得自己很可耻。我觉得自己是个骗子，又虚伪又不真诚，对他一点实际的帮助都没有。我怎么能够想当然地认为一个突然失去左手的人很轻易地就能面对生活，照料自己？看来，他和我都还有很多东西需要学习。

第二天早晨，我微笑着跟克瑞斯打了个招呼，同时把手中的一根橡皮筋在他眼前扬了扬。他怀疑地看着我。我把橡皮筋松松地绕在自己的右手腕上，说："你是左撇子，我是右撇子。我将把右手背在身后，然后把橡皮筋绕到我的制服扣子上，把右手固定在那儿。以后，我让你用右手做什么，我自己就用左手先做一遍。我还答应你我不会预先练习。现在，我们应该先练什么呢？"

"我刚刚睡醒，"他嘟嘟囔囔地说，"我需要刷牙。"

我设法拧掉牙膏盖，然后把他的牙刷放在床头的桌子上。之后，再笨拙地把牙膏挤在移动不稳的牙刷上。我越是费力地做这件事，他就越有兴趣。像这样奋斗了大约 10 分钟，并且浪费了一些牙膏之后，我成功了。

"我一定做得比你快！"克瑞斯断言。而当他这样做的时候，他咧着嘴笑的模样就和我的一样真实，一样地发自内心。

接下来的两个星期飞快地过去了。我们以极大的热情和竞争的精神处理他的日常生活。我们扣他的纽扣，在他的面包上涂黄油。尽管我们的年龄存在着差异，但我们以平等竞争的方式进行着我们的游戏。

在我实习结束的时候，他差不多已经能够自理、能够较有信心地面对生活了。从我们分别到现在，已经过去30多年了。在我一生中，曾经遇到过很多坎坷，但是，每当我在生活中遇到一件我从没有做过的事情，我就止不住会想起克瑞斯，不知道他会如何处理。有时候，我会把右手背在身后把大拇指勾在皮带上，试着用左手去做这件事。每一次当我为一些小委屈或是其他什么事情感到伤心的时候，我就会走进洗手间，再一次尝试用左手刷牙的滋味。

（摘自《山西青年》2004年第9期）

支付公道的价钱

〔巴西〕保罗·科埃略 / 文　　陈荣生 / 译

尼希文请朋友到自己家吃晚饭，打算为他们做酱汁肉。突然，他意识到家里没有盐了。

于是，尼希文把儿子叫过来，说："你去村子里买点盐，但是，你要付一个公道的价钱——既不要太高，也不要太低。"

他儿子感到很惊奇："爸爸，如果我能讨价还价把价钱压下来，省点钱不好吗？"

"在大城市里，这样做是对的，但是，在我们这种小村子，如果这样做，就会毁了整个村子。"

尼希文的客人们听到他们父子的对话后，都想知道能够买到更加便宜的盐却不买的原因。对此，尼希文回答："一个人愿意以非正常的低价把盐卖掉，其唯一的原因只能是他当时急需钱。而利用这种有利条件的人，表现出的是对劳动者缺乏尊重，因为劳动者为了生产盐付出了汗水和辛劳。”

“但是，这么一件小事不可能毁了整个村子。”客人还是有些不解。

“开始的时候，世界上只有很少的不公平，但是，由于每个人都认为这是很小的事情，根本无关紧要，结果世界就变成了今天这个样子。”

（摘自《羊城晚报》2010 年 2 月 17 日）

不应遗忘的生命

李浅予

格茨·阿里是德国当代著名史学家，一直致力于纳粹历史的研究工作，并取得了一系列让人瞩目的成就。

2003 年，在阿里 56 岁时，为表彰他在纳粹历史研究方面的卓越贡献，德国大屠杀纪念基金会决定将当年的“玛里昂·萨穆埃尔奖”授予他。然而，获奖者阿里却吃惊地发现，自己竟不知道玛里昂·萨穆埃尔是谁，更不知道为什么要以她的名字来命名该奖。

经过打听，阿里很快得知玛里昂·萨穆埃尔是从一份记录被杀害犹太人的名单中随机挑选出来的。人们只知道她生于 1931 年，1943 年 3 月 3 日被送往奥斯比茨集中营。除此之外，人们对玛里昂便一无所知了。

对于一般民众来说，事情至此就该结束了：在大屠杀中，有数百万犹太人遇难，其中不乏像玛里昂这样幼小的生命，我们现在还能知道玛里昂·萨穆埃尔这个名字，应该说已是她的“幸运”了。可对于阿里来说，事情却刚刚开始：凭着历史学家的敏感，同时也凭着一位真正的历史学家应有的良知，阿里决定为玛里昂写一部传记。

这个决定让许多人觉得不可思议：一位著名历史学家放着那么多重大历史题材不去研究，偏偏要把时间浪费在这样一部没有任何意义的“传记”上，是不是脑子出了毛病？有人甚至认为，这只不过是阿里的一种炒作手段，目的是想通过此事引起更多人的关注，从而提高自己的知名度。

对于这些猜测，阿里一笑置之。他认为，每一个生命都是历史的一部分，都不应该被我们遗忘。因此，对他来说这是一件非常有意义的事情。为此他不惜花费大量时间，并凭着丰富的史学研究经验，经过常人难以想象的艰难调查，抽丝剥茧，奇迹般地找到了一个又一个尘封已久的宝贵线索：他首先找到了玛里昂的家庭相册，接着，又找到了她以前的同班同学……

阿里将这些支离破碎的线索与时代大背景交织起来，成功地完成了这部名为《在隧道中：玛里昂·萨穆埃尔（1931—1943）的短暂一生》的传记作品。这部书出版后，立即在德国引起了巨大反响，随后又被翻译成多种文字……与其说阿里的成功缘于他独特的史学眼光，不如说缘于他对生命的态度。

是的，生命是平等的，每一个生命都不应该被我们遗忘。

（摘自《东方青年》2009 年 2 月下）

到底谁重要

葛　闪

那是一个天气晴好的上午，华盛顿地铁线上的“画廊宫”站，熙熙攘攘的人流，让这个地铁站比以往更显得热闹非凡。人们身着盛装，仿佛正准备参加某个盛大的节日活动。

就在这个时候，站台上的人群中突然传来一声惊叫：一名乘客不知道是被众人挤的还是自己不小心，竟从站台上失足跌入地铁轨道，惨剧就于瞬间上演了。一声长鸣，一辆刚好驶进“画廊宫”的地铁，将失足的乘客撞得飞出了老远。随后，闻讯赶来的救援人员将生死不明的乘客紧急送往医院。

按照以往的惯例，凡是公共交通场所发生这样的人身意外伤害事故，运营方将会迅速关闭站点，以便查找事故原因。然而，这天确实是一个非比寻常的日子——当地时间 2009 年 1 月 20 日，美国第一任黑人总统奥巴马将在当日宣誓就职。

在此之前，据官方预计，当日前往华盛顿观看奥巴马就职典礼的人数将接近300万。这个数字，将远远超过1965年约翰逊就职典礼上观看人数120万的最高纪录。出于安全方面的考虑，华盛顿市区20日将实行最高规格的交通和安全管制：包括典礼主会场在内，大约9平方公里的城市中心区域内，除了一些经过特许的车辆，将禁止一切车辆进出。因此，为了给前往观看奥巴马就职典礼的群众提供方便，地铁自然就成了最主要的交通工具。

事故发生后，人们并没有担心地铁公司会停止地铁营运。毕竟，这天是奥巴马宣誓就职的“大喜日子”，恐怕谁也不会因为一起普通的人身伤害事故，便将地铁停运而影响到观看奥巴马就职典礼的人数。更何况，“画廊宫”地铁站是华盛顿地铁线路上较大的一个站点，若是将其关闭，势必让奥巴马就职典礼显得有点冷清。

然而，人们的预测还是错了。事故发生不久，地铁公司就在广播里发表声明，就发生在站点里的意外事故向受害人及广大乘客道歉。并且宣布，无论今天是个多么重要的日子，无论受伤的人多么普通，他们也将按照规定立即关闭站点，停止地铁营运。因为，任何事物也不能逾越生命的界限。

最终，滞留在站内的乘客只得另想他法，前往奥巴马就职典礼的主会场。

是奥巴马的就职典礼重要，还是一名普通乘客重要？答案不言自明。

（摘自《意林·讲述》2009年第3期）

出人头地与衣锦夜行

易小明

整洁、文明、富有，是人们对德国的第一印象。整洁，不要看干干净净的街区，只要看一尘不染的卫生间；文明，不只是购票时自觉排队，还有过路时的相互谦让和主动帮助别人时的友好笑脸；富有，不只是满街的汽车，漂亮的别墅，还有围菜园用的钢化玻璃栏和不锈钢管。由于个人的趣好，我更加注意的是德国人的贫富差别及其相关文化，我发现，德国的富有者像在“衣锦夜行”。

衣锦夜行是讲一个人穿着漂亮的衣服在夜晚行走，没人看见，有不值得的意思。在德国，收入多，交税多；收入少，交税少。富不傲穷，穷不妒富，大家相互尊重，相安生活，自然而然。由于德国的富有者不显山露水、招摇过市，所以说，他们像在衣锦夜行。可是，爱面子的中国人，却特别渴望衣锦还乡。如果有钱了，就非得让别人知道不可，否则，就像是白富了。富人不仅要衣冠楚楚，更要前呼后拥。在街上，一看那大腹便便、高昂着头、前呼后拥者，十有八九就是个当官的或者是有钱人。但在德国要进行这种有钱与否的判断却相对较难，个个都文质彬彬、气宇轩昂，富不彰富，穷不显穷，不了解底细，从外表上你根本不知道谁拥有万贯家财。

德国人的人生价值取向、人生价值实现领域主要划定在人与自然的关系之间，它注重人与自然的差异，强调人对自然的征服、改造，所以，他们能够发现更多的自然规律。这样，生产力发展当然也很快，而人与人之间的关系则强调自由和平等（当然，这也经历了一个历史发展过程）。而传统中国人的人生价值取向、人生价值实现领域则主要划定在人与人的关系之间，它注重人与人的差别，强调人对人的征服、改造，希望能出人头地、做人上人。所以，中国人崇尚内圣外王，其社会关系的历史更替也较为频繁，而人与自然之间的关系则讲究和谐共处，追求天人合一。

其实，内圣外王之道作为传统中国人的人生价值追求，它的提出是以人的差异、矛盾的客观存在为前提的。这包括两个方面，一是个人内心世界差异和矛盾的客观存在，二是人与人之间差异和矛盾的客观存在。事物都是相反相成的，正因为个人的内心世界存在着恶念、存在着不善的一面，所以才提出人需要内在修养，从而达到内圣。也正因为人与人之间存在着分离、对立和斗争，存在着邪恶，所以才要求外王，达到天下太平。因此，个体自身善恶之间、个人与他人之间的差异和斗争，客观上为传统中国人理想人格的实现、为其人生价值的实现提供了用武之地。更为重要的是，内圣外王的实现也不是追求一种客观公正合理的社会秩序，不是实现人与人之间的自由和平等，而仍是追求一种差等和谐的社会秩序，是上智下愚的稳定，是君子之德对小人之德的风化。所以，内圣外王的实现也仍是一种安定的差等社会的实现，是有序差异对无序差异的取代，所以，中国社会是一种差等结构。

在中国传统差等社会结构中，天生缺少人人平等理论，更没有人人平等的社会实践基础。在中国人看来，一个人，只有当他在差等社会结构中具有一定的地位之后，他才算得上一个人物，才算是实现了自己的人生价值。而要如此，他就得不断地“学”。中国传统文化中的“学”不是指学科学文化，而主要是学如何“仁爱”，如何有德，如何做人。只有通过“学”，他才会悟，才会出类拔萃，从而出人头地。可见，儒家的内圣外王之道就是这样与差等社会结构相互支撑、互为表里的。在孔子眼里，大禹、文王都是有德之人。孟子也强调举贤授能。荀子也提出：“论德而定次，量能而授官。”他说：“我欲贱而贵，愚而智，贫而富，可乎？曰：唯其学乎！”所以，在中国历来就有“学而优则仕”、“仕则达”的思想。

可见，在传统中国人眼里，人生价值的实现意味着显耀，意味着特殊，意味着与一般百姓的不同——不仅是经济收入方面的差异，还有权力、地位、名声等方面的差异。所以《三字经》有“少而学，壮而行，上至君，下泽民，扬名声，显父母，继于前，裕于后”之论。这里的“泽”、“扬”、“显”、“继”、“裕”都充分表现出人们对社会差等优势的承认、崇拜和追求。这也就是说，追求人与人之间的差异成为人们实现其人生价值的根本出路和方法。然而，这种方法可能促人进取，但更多的是带来内耗。

综上所述，一种行为，一种现象，总有它深刻的文化根源。当前中国的经济发展速度很快，以这样的速度，30 年赶上像德国这样的世界先进国家也许有可能。但是，要维持这样的速度，仅仅依靠经济自身的力量恐怕很难，还必须从文化的变革中寻求一种恒久的支撑力量。

（摘自《书屋》2005 年第 2 期）

其实大家都是一样的

贾平凹

对人生我确实不是说特别乐观，但是你还得活下去，你总不能成天愁眉苦脸的，但总体上你感觉，人生苦难得很。我当年第二个孩子出生的时候，我就不主张再生孩子。我说大人都活得累，你何必再生个孩子？不光是你把她养起来，咱也要受很多罪，孩子长大了也是，将来要活受罪。你说现在这孩子，7 岁就得上学，自从 7 岁以后一直到她死，她就没有一天能过得轻松，受那个罪干啥？当时我心里说，要生个孩子，还不如去种一棵树，树还无忧无虑的，种棵树总比你生个孩子要强。但是世俗吧，你不要孩子又不行，你还得过这种日子，那就过这种日子吧，那就只好这样受罪吧。小孩你要监管她，长大以后，上学、就业、结婚、生子……那事情是多得一塌糊涂，咱这一生就为那些奋斗了，不说奋斗了，就挣扎了一辈子吧，生下那个娃又继续……但是你想一想，人类本来就是这样过来的，你总得……就像农村有句话说是，年儿好过，月儿好过，日子难过。这每一天它都难过，这每一天每一天都得要过去。你说现在我活得多痛快？我倒不觉得活得多痛快呢。但是死活总得要过下去，对人来说，小段小段的，它有它的欢乐在里头，但总体来说它不是欢乐的。换一个角度来讲吧，我看过托尔斯泰有一句话，他的意思是（原话不是这样的）："我们都诞生于爱的。"父母在做爱过程中才诞生我们的生命，他是从爱的角度来探索，我们活着的这个世界是充满爱心的，我们就来自爱。但是现在基本上好多年轻人要孩子吧，它不是爱，它是爱的附加品。它那是没办法的，无奈的结果。原来吧都是为了传宗接代，现在倒不谈这个传宗接代了。我老讲，传宗接代那个意义对现代人来讲已经淡漠了。你比如说，问你爷爷是谁，叫啥，一般人都不知道他爷爷叫啥，更不知道他爷爷那个父亲叫啥，你连你爷爷的名字都不知道，你怎么给他传宗接代？所以说传宗接代对他爷爷或者对他父亲来说，是毫无意义的事情。一般人都是为了自己来活着，要一个孩子还是想为自己带来笑声、欢乐、玩耍，解脱这个苦闷，但是孩子长大以后，就为孩子开始奔波。现在好多父母都是为了孩子最后能有出息啊，瞎耗工夫。我看到那些吧，自己简直是觉得很可悲。但是轮到自己身上吧，自己不做那又不行。你比如说现在教育孩子，要按我那意思就叫孩子不学习，想玩就玩，多好啊，小孩嘛。但是又没办法，整个中国都是那样，你在教你孩子玩吧，你孩子学习不好就考不上学，这个很矛盾。人这一生就是很矛盾地、很无奈地跟着人家朝着这个方向走。所以我在想吧，咱们或许就是芸芸众生，随大流，别人怎么走你就得怎么走，你不走就不行。就像"文化大革命"，你不去上街游行，你感觉自己都不是个人了。潮流到了这个时候就没办法了，不停地有对抗，但是最后它还是没办法的，一个人的一生太渺小了，不是说对大自然相对而言，它是渺小的。我总想吧，自己一转眼都五十多了，五十年都过去了，你还能活多久呢？好像没干出个啥东西马上就老了。你看就包括这世界上多伟大、多厉害的人物，他一生也就干了一两件事情，更多的人是一两件事也没干成。刚才看凤凰卫视采访戈尔巴乔夫，作为一个个体生命来讲，每个人都是悲剧的，不管当年多显赫……我没看完，我打开时已经放一半了，当时马上吸引我的是看一下他这个人本身。他作为一个领导人来讲，或者在历史上有重要的一笔可以记载他，但是作为他的个体生命来说，很悲凉的，这辈子很可悲的。我看他一个月只拿两美元的退休金，叫现在咱一般人都想象不来。尤其是最后他还不是到那个农场去，到老家去？那个老太太，他的亲属吧，他抱住她，他说我老了，为这样为那样……那一看就和咱平常生活差不多。平常他在位置上的时候，咱把他当成伟人，与咱们多么遥远，其实他也就是……每个都有很可悲、悲凉的一面。其实任何人，不管他是干啥的，原来说一家不知一家难，你要他说起自己的事情，他都和咱是一样的。

（摘自上海社会科学院出版社《贾平凹谈人生》一书）

他们为什么那么有钱

何　帆

并非所有的“不平等”都是不好的，以劳动收入的不平等而言，导致劳动者收入不同的因素中，有些是正常的，甚至是积极的。比如，勤奋的工人理应比懒惰的工人收入高，聪明人比笨人挣得多。影响资本收入不平等的因素中，也有合理的部分。比如，我们预见到未来可能会有收入或支出的不确定性，因而增加储蓄，这是一种明智而审慎的行为。《伊索寓言》中写道，蚂蚁在夏天的时候忙着储存过冬的食物，知了却天天唱歌嬉戏，到了冬天只好饿肚子。

一个社会中收入最高的 10%，往往聚集了这个社会的精英。当我们谈论收入不平等的时候，“10%”们很容易产生反感情绪，因为他们相信，自己的一切都是靠个人奋斗得来的。

但就收入不平等而言，真正值得担忧的不是“10%”们。

阶层中又分阶层。在收入最高的 10%中，又可以再区分出“1%”和“9%”。

“9%”们可能感到自己已经能够和“1%”们在一张桌子上吃饭，只有“1%”们才知道，他们的世界和“9%”们的世界是大不相同的。从“9%”到“1%”，像鲤鱼跳龙门一样困难。

在“10%”中的“9%”，收入主要来自于工资。只有到了更高的“1%”，甚至是到了最高的“0.5%”，资本收入所占的比例才超过劳动收入。在“1%”中，收入越高，房产在财富中所占的比例越低，金融资产所占的比例越高。金融资产又主要以股票为主。来自股票的收入又主要来自于股票的分红，而非股票增值后的收入（即炒股票的收入）。

20世纪80年代之后，首先在美国，然后波及其他国家的一个特殊现象，就是出现了一批高居“1%”的拿天价年薪的“明星经理人”。从20世纪70年代到21世纪初，美国收入最高的“10%”人群的收入占国民收入的比例提高了15%，这其中3/4尽入“1%”们的囊中。

为什么这些“超级经理人”能够拿这么多的钱呢？

如果我们相信，是因为20世纪80年代之后出现了技术革命，只有少数明星企业家才能出众，顺应了趋势，因此，他们拿那么多钱是理所应得的。那么，“超级经理人”应该在全球范围内出现，但为什么我们只在英美等国家看到了这一变化呢？

观察收入最高的“1%”在国民收入中所占的比例，“超级经理人社会”主要出现在盎格鲁—撒克逊国家。20世纪70年代，美国、英国、加拿大、澳大利亚收入最高的“1%”人群的收入占国民收入比例在6%~8%。到了2010年，美国的这一比例已经高达20%，英国和加拿大的是14%~15%，澳大利亚的是9%~10%。在欧洲大陆国家和日本，收入最高的“1%”人群的收入占国民收入比例同样有所提高，但趋势要缓和得多。难道只有美国出现了互联网？难道只有在美国出现了对特殊的企业家才能的需求？

如果我们同意，“超级经理人”的天价高薪是因为他们才能出众，那么，我们怎么解释“1%”和“9%”之间的巨大鸿沟？年薪在10万~20万欧元之间的

"9%"，收入水平的增长速度仅仅稍快于平均水平，而年薪在50万欧元，甚至100万欧元之上的"1%"，收入水平则大幅度提高。假如收入是由能力决定的，从"9%"到"1%"，收入应该是逐渐提高的，为什么会突然出现一个跃进呢？"9%"和"1%"这两个阶层的成员，无论从受教育程度、专业技能还是工作经验上看，都相差不大，何以会有如此巨大的差异？就算是你的老板比你聪明，难道他能够比你聪明5倍，甚至10倍？

其实，我们不必再掩耳盗铃。"超级经理人"得到天价年薪的理由很简单：他们的年薪大多是由他们自己决定的。大部分企业都有薪酬委员会，而薪酬委员会的成员要么是高管的朋友，要么是和他们一样有钱的"1%"，有意或是无意，他们都会高估自己的能力，要求给高管更高的薪酬。这不能只是责怪他们贪婪，而是要认识到制度是有缺陷的。人性是经不起考验的，当高管在决定自己薪酬的时候拥有太多的自主权，将会带来公司治理机制的失效，并且带来整个社会收入不平等程度的加剧。

（摘自财新网）

豆腐与奶酪

何 震

Linda 非常喜欢吃奶酪，没有了奶酪，简直没有办法生存。北京有个老外每月定期举办的“奶酪聚会”，品尝西方各国的奶酪和葡萄酒，Linda 最喜欢参加了，她也总想拉着何震一起去，分享一下她的快乐。何震非常认真地说：“别说需要付费参加，就是别人付费给我，请我去吃奶酪，钱给少了我都不去！让我吃奶酪，那将是一种多大的自我牺牲啊！”

这让我想起了我在美国时的一位室友——美国人 Chris，因为我总是请他吃我做的中餐，作为回报，他也非常热情地邀请我吃他最喜欢的奶酪。见我总是不肯吃，有一次他对我说：“得了，就尝一点点，你不会因此而死的！”我的回答是：“不，我会死的！”

Linda 爱吃奶酪，我则爱吃豆制品。但是如果给 Linda 吃豆制品，会导致她喘不上气来。据我所知，北美的很多老外，对于豆制品（豆腐、豆油）或者花生

(包括花生油）过敏，严重的会致死。所以在北美，很多老外一进中餐馆，第一句就问“菜是用什么油炒的”？如果是花生油，很多人是不能吃的。

从豆腐和奶酪的例子，何震得出了这样一些推论：在跨文化交流中，如果你认为别人的理念与你的不同，你大可不必一定去改变自己的理念。但你同时也要学会理解，至少要尝试着理解别人的理念，而不是匆忙地做出对与错的判断。

1.别人和我们做的不一样的事情、不相同的习惯和不相同的想法，不见得不对。同理，我们和别人做的不一样的事情、习惯和不同的想法，也不见得错误。奶酪和豆制品是该吃还是不该吃呢?

2.对于同一个问题的不同理解和认识，别人的观念正确，并不意味着你我的观念错误，大家可能都是正确的，只是从不同的角度看待同一个问题。比如，Linda 说“奶酪好吃极了”，我说“奶酪难吃极了”，我们的观点都正确。

3.别人的某个观念也许是不正确的，但这并不意味着你我与之不同的观念，就必然正确，我们大家可能都是错误的。比如，历史上曾经有无数的人坚信“地球是宇宙的中心、人类是宇宙的精华”，伽利略却说“太阳才是宇宙的中心”，现在看来，大家都不对，因为没有人知道宇宙的中心在哪里。而达尔文的话，更是严重伤害了咱们人类的自尊心：“人不过是猴子的后代。”达尔文对于历史上的王侯将相、才子佳人和英雄豪杰一点面子都不留，难怪当时西方的绅士和淑女，在震惊之余反唇相讥：“只有你达尔文先生，才是猴子的后代!”

4.我们不去做的事情，别人去做，并不是错误的。同理，我们去做的事情，并不是因为别人都去做，我们才要去做，而是因为我们经过思考，认为自己应当去做。比如，我们中国人习惯靠右边走，到了英国开车一定要靠左边走，谁对谁错?入乡随俗吧。再比如，很多人随地吐痰，你我绝对不会因此而认为如果我们不随地吐痰就吃了大亏。

5.我们经常做的事情，不见得别人也必须做才对。比如，第一次见面时，我们华人通常用双手递名片给别人，以示尊重。老外如果用单手递名片给我们，并不是看不起我们。一张名片，一只手递过来足够了。而且话又说回来，如果老外用双手递过来的名片是假名片，那他就是骗子。既然是骗子，那他就是用“三只手”递过来名片，也不是尊重我们。

（摘自《21 世纪》2008 年 8 月）

1 个和 49 个的轻重权衡

王晶晶

在广东东莞中学初二 7 班，青青是个不受欢迎的人。

他上课随意走动，开关电灯；他午休时火烧床单，用剪刀剪断电线；他脾气暴躁，曾把热水泼到同学脸上。因为他是一个自闭症患者，有时无法控制自己的行为。

除了青青妈，全班 49 名同学的家长在开学第一天，提交了一封联合署名的请求书，罗列上述“罪行”，要求学校将青青调离这个班，否则就集体罢课。

1 个和 49 个，如果将一个学生拒绝在教室门外，就可以留住 49 个学生。这样的做法是否就算公正？对于这个班的学生来说，这应该是他们需要上的“开学第一课”：一个人的权利是否就一定要让步于一群人的权利。

幸好校长没有以人多还是人少来做决定。他说，每个孩子都有受义务教育的权利，学校不能落下任何一个学生。因此，“1 个”直到现在还继续留在教室里。

可是，出于群体压力，更多时候人们会理所当然地站在多数人这边。比如在辽宁一个小村庄里，为了 61 个孩子，学校就剥夺了 1 个学生受教育的权利。

这个有点特殊的孩子出生时感染了艾滋病病毒，他走进小学教室的第一天，村民就把自己家的孩子领走了，学生集体罢课，还有家长代表跑到乡政府上访。罢课第三天，校长顶不住压力，让那个孩子的母亲把他领回家。

1 个和 61 个，至少他的离开让众人回到教室。如果只从结果来看。这或许算是公正。

后来，“1 个”在村委会办公室里有了自己单独的教室和老师，可他没有同学，只有年迈的老师做伴；他也没有校园生活，只能在空旷的村委会院子里一个人打篮球。因为撤点并校，他成了唯一被留在村里的小学生。

如果在美国，拒绝他的这所学校很可能面临高额赔偿。美国一所私立中学曾因拒收一名 13 岁的艾滋病病毒携带者入学，被司法部裁定违反《美国残疾人保护法》，需向这名学生赔偿 7 万美元并缴纳 1.5 万美元罚款。当大多数人意识不到少数群体权利的时候，就需要法律的引导。

令人遗憾的是，另一个“1 个”以更大的悲剧收场。河南一所县城中学里有个“问题少女”，她打起架来比男生还厉害，被称作“惹事妖精”。班主任让大家民主决策，投票决定她的去留。全班 38 个同学，26 人希望家长把她带回家。

得知结果的她先是大笑，然后哭着跑出教学楼。3 天后，人们在学校后面的水渠中找到了她的尸体。

她的同学和老师可能并不知道，民主不是只有少数服从多数，还包括个人发展的自由、容忍以及平等。他们在以一种隐性暴力，对抗她的肢体暴力，这种隐性暴力的名字就叫“大多数”。

出于利己的考虑，很多人的确不希望自己的孩子和自闭症患者、艾滋病病毒携带者、问题少年同在一个教室，让孩子处于潜在的危险中。作为个体，你有选择留下和离开的权利，但没有替别人做决定的权力。况且，任何人都有可能在某一天，成为“少数”。

功利主义的观点认为，我们应该谋求共同体的幸福最大化。但没有尊重个体的权利，仅仅考虑满意度的总和，很可能恣意践踏个体。幸福也不是简单的加减乘除，被社会圈禁的男孩，死在水沟里的少女，都可以成为这个社会不幸福的痛点。

一个，还是很多个，这似乎是个艰难的选择。美国学者迈克·桑德尔曾在哈佛公开课上讲过这样一个小故事，让他的学生陷入道德困境：如果你是电车司机，正沿着轨道疾驰，突然发现前方有 5 个工人手持工具站在轨道上，你试着停下来，可刹车失灵了，这时你注意到右边还有一条岔道，上面站着 1 个工人，撞死他能救另外 5 个，你会不会拐弯?

大多数人举手同意转动方向盘。“当可以只撞死 1 个人的时候去撞死 5 个人，这样做不对。”一个女生说。

少数人觉得应该直行。“这与种族主义和集权主义的诡辩一样，为了拯救一个民族而消灭另一个民族。”一个男生说。

桑德尔没有给出“正确答案”，他只是想让坐在底下的学生意识到，有时候觉得理所应当的选择，不一定是公正的。或许，在这个 9 月，青青的班里也应该展开一场这样的讨论。

（摘自《中国青年报》2013 年 9 月 4 日）

生日引发的讨论

戴震东

2008 年下半年，整个瑞典社会都在进行一次社会问题的大讨论，而讨论的起因只是因为一个男孩的 8 岁生日。

莫尔生活在瑞典南部的一个小镇，就读于镇上的慕斯皮丽兹小学。2008 年 6 月的一天，是莫尔的 8 岁生日。生日这天，莫尔有一项特殊的权利，他可以在上课时分发他的生日请帖。这是一项传统，过生日请同学去家里做客，参加生日派对。

这天在课堂上，莫尔照例捧着一摞请帖逐张发给每个人。发完之后，细心的老师发现，并非所有的同学都拿到了请帖，有两个男孩手里空空的。莫尔根本就没打算邀请这两个同学。这事让老师吃了一惊，马上报告了校方管理层。

没多久，校方做出了令莫尔十分难过的决定：校方没收了他发出的全部请帖。校方的理由是，莫尔有歧视同学之嫌，并强调，防止歧视是学校的职责。在校方看来，这么做是为了维护那两个遭受“歧视”的孩子的权益；对莫尔来说，他的生日聚会毁了；对莫尔的父亲来说，这事情没那么容易了结。

莫尔的父亲表示，那两个没有收到请帖的孩子不应感到惊讶，因为其中一个过去没有邀请莫尔参加自己的生日派对，另一个则欺负了莫尔 6 个多月，现在他们已经绝交了。莫尔的父亲认为，孩子有权利选择向谁发出请帖，学校无权干涉。随即，他向瑞典国会监察使提请申诉，认为学校侵犯了莫尔的公民自由权，希望讨回一个公道。

而慕斯皮丽兹小学则认为，莫尔这样做伤害了其他孩子的权益，并向国会通报了此事。校方的理由是：“如果请帖要在学校里发放，那么就必须保证在这个过程中没有歧视发生。”这里简单介绍一下，瑞典国会和国会监察使是两个不同的机构，前者主要司职立法，后者专门对一些权力机关行使监督。

事情并没有在等待国会监察使仲裁的过程中偃旗息鼓。其间，瑞典社会对此事进行了一场大讨论。

有一方观点认为，学校做得没错，在大庭广众下遭到同学的“歧视”，会使这两个孩子的心理受挫。

另一方观点则支持莫尔的父亲，道理很简单：公民的自由权不可侵犯。不过，似乎学校的所作所为也情有可原。有人解释，学校之所以会这么做，是因为瑞典在北欧地区代表了宽容精神。但在国内仍然有“排外”这样的问题存在，尤其是近年来“排外”情绪有所上升。这看起来和“莫尔事件”没有直接关联，但不排除正是因为校方希望秉持瑞典的“宽容精神”，才导致学校做出伤害莫尔的事情来。

2008 年 11 月 13 日，经过对国会监察使的报告的商议，瑞典国会为校方的不当行为专门立规：学校没有权力没收学生的请帖。瑞典国会监察使之后在接受媒体采访时表态：“老师没有权力在违背学生意愿的情况下没收请帖，不论怎样，学校的行为都是不值得提倡的。”

有人这样解释国会的仲裁：它强调了儿童的公民自由权亦不能被随意侵犯。

在瑞典，不论是政府还是民众，都对“人之为人”十分重视，如何在人的界限内完善自我，是这个国家最重要的课题之一。所以，瑞典人尤其重视“人之初”的教育工作。如何使儿童在一个友善的环境下成长，是瑞典社会长期关注的话题。

（摘自《新闻晨报》2009 年 1 月 11 日）

广场舞与时代病

鄢烈山

在讨论“诈摔”这类新闻事件时，有一种说法叫“不是老人变坏了，而是坏人变老了”，意思是这些老人本来就坏。

这种说法显然有年龄歧视，带着年轻人的道德优越感。对此，我一直不服气。

不过，最近经历了几件事，使我的观点有所改变。

我参团到英国旅游，那个团有 30 多人，一路上在旅行车里高谈阔论、旁若无人的，就是几个年纪大些的人；团里中年人、青年人占多数，但他们每天总是静悄悄的，当然也不都是睡着了。

前两天去广州黄石东路一家开张不久的素食店吃自助餐，每客 20 元，主食和蔬菜、水果的品种很多。广告上“65 岁以上老人半价”那一句给涂掉了，为什么？因为不少老人边吃边把粽子、水果之类往怀里揣的袋子里装，防不胜防，劝阻又伤情面。

这么看来，老人确实有他们这个年纪的人特殊的共性问题。吃自助餐也要“偷拿”，那是经历了饥荒年代的人，留下的饥荒后遗症。

至于高声讲话不顾及别人的感受，那也是他们所经历的时代给他们留下的后遗症——简称“时代病”。这种“时代病”是那么的顽固，与小偷小摸尚有耻感、只是个别行为不同，不仅不以为耻，反而觉得光明正大、理直气壮。

端午节前网上流传一段视频和一组图片，说的是武汉市汉阳区有一个居民小区，物业管理公司接到居民投诉，说小区门口广场上的集体舞噪声扰民（主要是高考临近，有考生家长希望不要影响孩子学习），便出面要求舞迷们暂歇或者另外选址，却遭到对方的拒绝，无奈之下只好在广场上拉起了百余米长的铁丝网，但仅仅过了两天，舞迷们剪断并挪走了铁丝网，再次“占领”了广场。

“广场舞”迷们为什么这么强悍?

这些人大都年纪在 50 岁以上，虽然生活在城镇里，但她们出生和成长的年代，整个中国仍是农业社会，或者说有强烈的农业社会生活习气。

农业时代、乡村社会，“交通基本靠走，治安基本靠狗，联络基本靠吼”，粗声大嗓门那是很自然的。

到了“文革”年代，到处是高音喇叭，家家有广播，动不动就有大分贝的乐声、歌声响起，或有“最新指示”、或通知要反复播送，管你是睡着了，还是生病了要静养。

根本就不考虑他人的情况、需要和感受，不重视个人的权利。而对个人私生活进行窥伺乃至进行道德与礼教干预，在乡土社会被认为是正常的。从政治管理的角度讲，集体主义一直被认为高于个人主义，“高音喇叭”所代表的政治权威高高在上，完全可以无视任何“小我”的利益。这种“集体”的旁若无人的傲慢，会不自觉地植于人心，转化为行为模式。

分清公域与私域，尊重个体的权利，这是现代城市生活的需求，也是现代法治社会的基本要求。所以，城市有噪声管理法规，规定施工队什么时候不能打桩，商店不能用高分贝喇叭在门前促销，汽车不准在城区鸣喇叭等等。

可是，跳广场舞的人们，为什么一定要用高分贝的音乐制造噪音扰人呢？除了不分公域与私域，还有一种“法不责众”的倚仗吧？

事实上，城市管理的执法者，在这种情况下，接到“扰民”投诉，一般也是劝阻一下罢了，极少会像美国的警察那样把在公园里扭秧歌不听劝阻的华裔妇女铐走。

由大妈们的“广场舞”说到“时代病”（社会后遗症），可以归结为，中国尚处在由农业（乡土）社会、“政治（或礼教）挂帅”而无视个体权利的社会与“法不责众”的人情社会，向公域私域分明、尊重个体与他人权利、法治严明的现代社会转型的过程中。

我很乐意看到广场上、公园里有人跳集体舞，却也实在讨厌他们搞得我到公园里找不到一块清静的地方发呆。

（摘自《南方都市报》2014 年 6 月 8 日）

我们该如何相互对待

石　勇

中国在发展中，要解决太多过去遗留下来的社会问题。其中有一个问题日益严峻：一些人，一些利益群体、心理群体在公共领域中扩张自己的“权利”和私欲，不断侵犯其他公民的权利边界，社会冲突不断。

广场舞大妈（大爷）噪音扰民事件就是如此。广场舞在中国，从一线城市到县城，甚至乡镇，都有极为庞大的拥趸。而因为休息的权利被干扰，一些受不了的住户频频与广场舞者发生冲突。住户忍无可忍之下的各类“反抗”行为层出不穷，诸如泼粪、放藏獒咬、打钢珠枪、用高音炮轰……仍都无济于事。人多势众的广场舞者总是振振有词，比如，被质疑吵到了早上休息的人时，她们反问：“为什么不早起?”

要陶醉在某种快乐中的人理解被其干扰的人的痛苦是相当困难的。一些网民把广场舞大妈视为中国不讲理的群体之一。而在刚刚过去的高考期间，她们和网民眼中的另一不讲理群体——高考考生家长——历史性地相遇。

全社会，尤其是政府，摆出了全力保障高考、为它让路的架势，使得高考考生家长在干涉他人的权利时似乎具有了某种正当性。在重庆，一个家长为了“不影响考生休息”，竟然逼停电梯，让同楼 90 多户居民徒步上楼。在南京，家长扮演起了交警的角色，在考点门口拦截过往的摩托车、电动车和自行车，不准市民通过，好像马路就是他们家的。

人类组成社会一起生活，必须有一个界定彼此权利义务、在公共领域该如何相处的约定。借用美国哲学家托马斯·斯坎伦一本书的书名，我们需要明白，“我们彼此有什么义务”。其中最重要的，当是明白在公共领域中，应该将对方当成一个平等的人、一个有尊严的人、一个有权利的人、一个会痛苦的人、一个作为目的而不是别人的手段的人来对待。

稍微了解中国国情的人都知道，很多人都有一种阴暗的攻击性、强迫癖、代表癖、冷漠症，以及在心理上凌驾于别人之上的冲动。“众生平等”“以人为目的”的教养，从未进入这些人的心理结构。

毫无疑问，我们对他人的尊严和权利有尊重的义务，这是一种公共教养。无论愿意不愿意承认，缺乏公共教养的人并没有给“他人”的存在和权利留下一席之地。他们自私、霸道、冷漠，打着各种诸如“权利”“爱心”等看上去能够占据道德制高点的旗号，让自己的私欲无限扩张。反过来，一个人如果自私、霸道、冷漠，也必定缺乏公共教养。

当社会中的有些人不懂得该如何对待他人时，政府不可以不作为，因为公民权利需要政府的严格执法来保证。中国大妈在美国跳广场舞吵到别人，接到报警后警察绝不手软，说铐就铐，但在中国，有些执法者却总是预设了一部分人在法律上拥有特权或“豁免权”。这必然使本已混乱的社会认知更加混乱。

（摘自《南风窗》2014 年第 13 期）

城市贫民阶层是一个信号

杨　军

城市贫民阶层初现

根据民政部统计的数字，到 2002 年 10 月，全国城市“低保对象”为 1980 万人，2005 年底为 2232. 8 万人，但是，由于测算方式和申请较严格以及有些人不愿意申报等原因，“低保对象”并没有涵盖所有的城市贫困人口。

中国人民大学研究生院副院长洪大用认为，如果考虑这些情况，目前我国城市中的贫困者应该有 3000 万人左右。城市贫困人口约占城市人口的 6%～8%，城市的贫困率已经高于农村。改革开放之前，中国的绝对贫困人口大概占全国人口的 1／4，到 2003 年绝对贫困人口只占到 1/40，农村贫困人口大量减少，城市贫困人口却迅速增加。

改革开放之初，中国基本不存在城市贫困人口，因为当时是企业办社会，个别贫困者也多享受着单位福利。到了 20 世纪 90 年代初，随着国企改革的推进，大量下岗失业人员出现，并迅速增多。这些下岗工人只领到很少的补偿金，远低于他们曾经创造的价值。

在城市国有企业职工开始下岗的时候，农村中的剩余劳动力和无地农民却开始涌入城市。“某种程度上，这是农村贫困人口向城市的转移。”洪大用说。虽然没有城市户口，但因为完全生活在城市，大量的农民工成了城市贫民，据有关专家估计，这个数字可能接近 1 亿。而有关城市贫民人数的官方统计，并没有把这部分农民工计算在内。洪大用认为，应该把这些生活在城市的农民工也列入城市贫民的范畴。

在 2002 年 12 月 12 日由联合国开发计划署和中国民政部共同举办的“中国城市反贫困论坛”首届国际研讨会上，“城市贫民”这个概念首次被中国政府高层在公开场合正式使用。这一方面说明中国政府开始以务实的态度正视城市贫困问题，并积极谋求解决之道，另一方面也说明城市贫民群体的庞大已经让人无法忽视他们的存在。随着大学的不断扩招，一些缺少专业技能的大学生毕业后长期找不到工作，开始领低保，也加入了城市贫民阶层。

近年来，一些城市正逐渐形成一个个贫民聚居区。在城乡结合部，多是农民工的聚居地，清华大学附近就有一个据说是最大的贫民聚居区。在城区，则存在差别明显的高档小区和低档住宅区，一些老城区像北京的大栅栏成了原住城市贫民的聚居地，上海的棚户区、深圳的农民房等也聚居着大量城市贫民。

2006 年年初，在一个以城市贫困为主题的研讨会上，从数十名经济学家提交的在不同区域做的调查报告中，几乎得出了同样的结论：近年来，城市贫困问题并没有因为我国经济高速增长而有所减轻，相反明显加重。城市贫民阶层逐渐浮出水面。

脆弱的平衡

在 20 世纪 90 年代之前，中国的贫困问题仍然被认为主要发生于农村地区，那时中国存在的城市贫困人口主要是无劳动能力、无经济来源、无法定的赡养人和抚养人的“三无”人员。在逐渐形成的城市贫民阶层中，这些“三无”人员占的比例几乎可以忽略不计。现在的城市贫民，大部分并不完全是因为自身原因而贫困，他们大部分人都有劳动能力并乐于工作，却缺乏工作机会；他们成年累月地寻找工作，却没有单位愿意雇用他们。

综合开发研究院（中国·深圳）国情研究中心主任丁四保 2005 年下半年对东北地区 5 个城市的贫困群体进行了调查，他对城市贫民的描述中有这样一句话：离开原来所在的国企或者集体企业岗位后，大部分员工在实现再就业、获得失业和养老保险、参加就业培训、享受医疗和教育服务等方面，遭到严重的排斥。

在东部沿海等经济发达地区还好一点，但也存在市场饱和的问题；在经济不景气的地方，工作机会尤其渺茫。在东北，曾经辉煌的一些重工业城市，大量企业破产或减员。因为整体不景气，失业者想做点小买卖，东西很难卖出去；想做家政，市场很小；想当护工，很少有人雇得起。

城市贫民的失业、社会保障、分配制度、社会公平等许多社会转型中出现的问题没有得到有效解决。随着时间的推移，一些城市贫民正从暂时贫困走向长期贫困，甚至波及后代，出现代际贫困传递，他们的子女长大后成为新的城市贫民。

城市贫民阶层出现会带来很多问题，极易造成集体暴力和犯罪蔓延等社会问题，对社会的稳定形成巨大的挑战。当美国在工业化过程中出现城市贫民阶层的时候，黑社会势力逐渐形成了。当城市贫民阶层发展到一定规模的时候，社会矛盾会集中爆发。而在此之前的社会稳定，则是小心翼翼维持着的脆弱的平衡。

农民工从事着那些城市人不愿从事的或脏或累或有危险的工作，却始终没能融入城市，他们是城市中的绝对弱势群体，不仅在生活中受歧视，而且会遭遇工资拖欠，这样的境遇容易使他们滋生对社会的仇恨。而弱者也有弱者的武器，近几年，农民工和社会的冲突不断上演。城市的失业人员也曾到地方政府门前静坐。代际贫困则是一粒危险的种子，一些人可以忍受自己的贫穷，却不能接受第二代甚至第三代依然贫穷。

某种意义上，城市贫民阶层可以说是城市弱势群体的代名词，所有的弱势群体都缺少自己的利益诉求渠道，他们的权利过少过小甚至不存在，而义务则过多。在社会生活中，他们往往会有强烈的被剥夺感。表面看来，他们是沉默的，但心底的不满却可能在酝酿，谁也不知道临界点在哪里。阶层之间的差距过大必然影响社会各阶层之间的均衡，这无疑是危险的。

进入 2006 年 11 月以来，粮油价格上涨。对此，有调查显示，77.1％的人表示，粮油价格上涨使他们“生活压力增大”，84.0％的人认为，生活成本比 1 年前又有所增加。国家统计局发布的 2006 年 11 月 CPI（消费者价格指数）和 PPI（工业品出厂价格指数）数据表明：百姓的日常生活成本正在逐渐上升。

粮油涨价已经给一些老百姓的生活带来压力，城市贫民阶层对和日常生活密切相关物品的价格变化格外敏感，任何一点价格的上涨，都可能变成压垮他们的最后一根稻草。大量在贫民边缘徘徊的准城市贫民，则可能因为价格的一点变化降为贫民，贫民规模的增大同样是社会的不稳定因素。在这次价格上涨中，国务院总理温家宝亲自看望了部分困难群众，了解粮油价格上涨对他们生活的影响。

狭窄的上升通道

自 20 世纪 90 年代初开始出现城市贫困人口到现在，中国的社会救助体系日益完善，低保覆盖面增大了许多，全国每年为贫困人口支出的经费有 200 多亿元。同时发展了多种临时救助和专项救助，各地政府也陆续推出了针对教育、医疗、住房等的专项救助，北京专门有一个对贫困边缘人群的救助措施。在 2006 年年初，农民工也被“正名”，明确提出他们是产业工人的一部分。业内也在讨论关于最低工资保障和反贫困法的立法问题。但是，不管救助措施多么完善，从长期看，这只能是城市反贫困行动中最后的一道安全网，是一种亡羊补牢的做法。立法则更多是从技术层面上解决问题，两者都无法消除产生城市贫困的根源。

目前中国的城市贫民大多不是绝对贫困，而是相对贫困，贫富差距的日益增大加剧了这种贫困。我国社会贫富差距还在不断扩大，基尼系数已经超过警戒线。城市中的贫富差距更是大于整个社会平均水平。占城市居民10%的富有者占有全部城市财富的45%，占城市居民10%的贫穷者则仅占有全部城市财富的1.4%。贫富差距过大的社会是不稳定的，能增加社会稳定性的是各阶层之间的流动。作为城市最底层，城市贫民最需要的是上升的通道，通过自身努力可以成功地向上流动。

城市贫民阶层的出现和迅速扩大，以及随之而来的难以调和的社会矛盾，不仅仅意味着片面追求经济效益的发展模式已经到了临界，逐渐成为社会发展的阻碍，更表明做出牺牲的这部分人群已经接近付出的极限。这个时候，如果社会各阶层之间的流动通道不够通畅，社会矛盾的尖锐化将不可避免。

在传统计划经济体制下，农民可以通过招工、考大学、当兵提干等多种方式进入城市，而不是作为农民工大量涌入。工人也有可能提干。而在现有的干部人事制度下，无论是农民还是城市工人，都很少有机会获得干部身份，向干部阶层流动。现在，虽然考大学依然是农民进入城市的通道，但是高额的学费为这条通道设置了障碍。近几年，因为没有钱上不起大学的大有人在，不仅仅是农民，工人家庭也存在这种问题，他们手中的钱可能比农民稍多一点，但供出一个大学生后也会倾家荡产。

而毕业即失业现象的存在，也打击了这些家庭负债让孩子上学的勇气。近年来城市中小学对农民工子女也存在入学歧视，高额的借读费让大量农民工家庭望而却步。打工子弟学校很少，大多还属于非法，教学质量差，农民工子女通过教育改变命运的机会更加渺茫。在城市，因为教育资源的分配不公，学校之间的教育水平差距大，一些重点中学招收的公费生逐年减少，自费生却逐年增加，巨额的择校费把贫困者挡在了门外，富有者则可以用钱买来机会。教育和通过教育所获取的技能，是主导社会流动的最重要的机制，当教育变得势利，各阶层向上流动的通道必然狭窄。

市场经济强调“机会均等”。改革开放以来，中国一直在努力寻求一种正常的流动秩序，城市贫民阶层却面临着日益严重的机会不均等、权利不平等等问题。中国社会科学院的一个调查显示，目前我国处于社会优势地位的阶层，其子女继承性明显增强。

一道道门槛，堵塞了正常的社会流动渠道，使中国社会各阶层之间的流动明显减少甚至出现凝固化的迹象。“士之子常为士，农之子常为农，工之子常为工，商之子常为商”，这样的社会让人担忧。向上流动的通道，是社会不满情绪的泄洪渠道，是人们改变命运的希望所在。民众需要有向上流动的机会，特别对社会最底层来说，梦想比现实更重要。

（摘自《南风窗》2007年1月）

在中国谁能过上好日子

陈　彤

好日子的标准

什么叫好日子？好日子有没有标准？谁能过上好日子？

一个朋友从美国回来，我去机场接他。他高高兴兴地跟我说："估计我在国内已经算一个有钱人了吧？"我问他有多少钱，他开始有点矜持，后来用很小心的口气跟我说："折合人民币大约五六十万吧。"我哈哈大笑起来，他以为是他的积蓄把我吓着了，连忙解释这是他在美国的全部积蓄，而且美国的消费很高，等等。我随手指了指四环以外的一栋高层住宅楼，告诉他："看见了吗？那个楼的房子1平方米要5000元起价，你的全部积蓄也就够买一套三居室！"

我的朋友有点慌了，他问："那在中国，谁才能过上好日子？"

大概我们每个人都听到过这么一种说法，一个被困在沙漠里的人得到一杯水的快乐、一个乞丐得到一顿美餐的快乐，不亚于一个富豪得到一笔巨大生意的快乐。在年幼无知的时候，我对这种说法深信不疑，坚持认为好日子与富足没有任何关系，甚至穷人比富人更容易得到快乐。现在我不这样认为了，现在我的看法是虽然富足的日子不一定是好日子，但好日子一定要以富足为基础。

比如说一个困在沙漠里口渴得要命的人得到一杯水，他快乐吗？快乐。这种快乐真实吗？也许真实，但问题是这种快乐能持续吗？不能。这种快乐的源泉能够像科学实验一样被无数次重复吗？不能。

所以这不叫“好日子”。

什么叫“好日子”?

“好日子”的“好”不是惊喜的“好”。它不是在期待之外的，而是在期待之中的，是可持续的，能够被不断重复的。比如说一个富足的人，他如果想吃牛排了，就可以去一个喜欢的西餐厅订一客牛排；他什么时候想吃，就可以什么时候再去订一客牛排。也就是说，他吃牛排这件事情是可以重复的，不会像乞丐一样总是充满“意外”的惊喜。假如谁夸赞乞丐这样的日子，那么他自己尝试做乞丐好了。

有一个流传很广的故事，说是香港一对夫妻买了一栋海滨别墅，他们请了一个菲佣，养了一只名贵的宠物。但是因为要交别墅的月供，所以这对夫妻每天天一亮就出门，忙到天黑才能回家。而大部分的时间，倒是请来的菲佣躺在客厅的沙发上，怀里抱着那只名贵的宠物，透过落地长窗欣赏海滨的美景。由这个故事我们引出一个问题——到底是谁过上了好日子？是那对夫妻还是那个菲佣？故事的结论是菲佣免费享受了那对夫妻提供的美好生活，而那对夫妻为了维持这样的生活而辛勤工作以至根本没有时间享受。

我对这个故事颇为反感。那对夫妻是不是过上好日子可以另外讨论，但是那个菲佣绝对没有过上“好日子”，因为好日子需要成就感来装点。你可以“特立独行”，鄙弃世俗人眼里的“好日子”，你可以不结婚不工作不生儿育女不孝顺父母，但是你无法更改、抹杀世人对好日子的理解——好日子就是体面的生活和工作，并且可以有适度的炫耀。

好日子的成本

据说英国人已经发明出一种公式，能够准确算出一个人的每个小时到底值多少钱。当然，不同人的时间价值是不一样的。据说比尔·盖茨一分钟值 400 美金。我不知道这是怎么算的，反正根据这个结论，如果比尔·盖茨发现路边有 100 美元而去捡，那么这不是挣钱而是在浪费时间。

我们国内还没有谁的时间值钱到这么辉煌的地步。虽说有“一寸光阴一寸金，寸金难买寸光阴”的古训，但是如果有大把的时间而没有钱，那种日子叫什么日子？我的一个朋友做律师，他在美国的时候，一小时 400 美金，不给钱不开口，给多少钱说多少话。以至于在家里教育儿子的时候，经常要说“我跟你说话是在浪费我的时间，你知道我跟你说这么多话值多少钱?”他有大把大把的钱，但是没有时间，我不知道他这样的生活算不算好生活。

这两年很流行做人生设计，什么叫人生设计呢？说穿了，就是给一个人制定一个时间表，就像我们给一种产品制定生产步骤一样。按着这个时间表走完，产品下线，一个人的人生设计完成。比如说一个大专毕业生，如果他要拿到本科学位，那么在国内至少要读 3 年的时间，而且最后是否能百分之百拿到学位还不能保证；如果他打算去美国留学，那么考了托福、GRE，在最快的条件下，我们假设他没有钱，需要奖学金，那么需要 5 年的时间，而这 5 年的时间仅仅是他到美国读书的一个开始而不是结束。所以说，一个熟练的人生设计老师一般不会给他这样的建议，因为时间就意味着成本，要花 3 年到 5 年的时间，仅仅为了争取一个不能当饭吃的文凭，成本太大。因此老师建议这名大专生先把英语口语练习好，然后去一家高级餐馆打工，虽然辛苦一点，但是一个月最少也有 2000 元。一年以后再向朋友借一点，到英国花钱读一个硕士或者到瑞士读一个酒店管理方面的证书。只需要一年的时间，回来以后从事酒店的高级管理工作，薪水将翻倍增加，至少挣的比一般的大学毕业生在国内混 10 年还要多。

后来我想——不知这样说是不是显得合适——所谓好日子的成本，就是用最短的时间完成好日子所必需的基本物质条件，如果还有富余，那么就适当地锦上添花。工作的时候、赚钱的时候要提高效率；花钱的时候、享受的时候要不慌不忙慢慢来，这是好日子的基本原则。

好日子的心理素质

大多数中国人都很难心安理得地过上好日子，主要原因在于心理负担太重。一个人过上好日子不行，还要一家子过上好日子，否则就是不孝；一家子过上好日子还不行，还要父老乡亲都过上好日子，否则就是不仁。总之，中国人提倡“先天下之忧而忧，后天下之乐而乐”。我个人赞成这种忧国忧民的政治态度，但如果是生活态度，想想看，一个人总是在别人不高兴之前就不高兴，在别人高兴之后再高兴，那他还能过上好日子吗？恐怕连平常的日子都没法过。

我的一个在电视台工作的女朋友远涉重洋，前不久回来大家聚在一起时，她说：在国外压力是大，但心理感觉和在国内不一样。大家各人过各人的日子，你过得好，没有人要求你为过得不好的人承担责任。很少有一大家子人住在一起，只有中国人的家庭，三代同堂四代同堂。这样家庭的孩子和小家庭的孩子最大的区别就是，小家庭的孩子更容易笑，而大家庭的孩子更容易沉默。

我常常想，做一个中国人，我们要心安理得地过上好日子，真是不容易。首先要过上一关——心理关。你必须把自己的生活和别人的生活分开。但是这在中国是很难的，水乳交融，砍断骨头连着筋。上个月，我的一个朋友跟我抱怨，说他要在北京给他老家的一个远亲的孩子找份工作。如果我没有记错的话，这是他在一个月之内给老家的人找的第 9 份工作。每次我问他为什么一定要这么狼狈不堪地生活？他说有什么办法呢？当年我上大学的时候，全族的人凑钱给我准备学费！我想即使他做好大好大的官发好大好大的财，他也还会苦恼——早晚有一天，他的乡亲会把他拖垮。但是你要他怎么办？说不吗？祖坟非被人家挖了不可！

在中国，过好日子和当好官一样，都得有点“六亲不认”的劲儿，必要的时候还得“大义灭亲”。

（摘自世界知识出版社《在中国谁能过上好日子》一书）

为什么有贫穷和富裕

丹尼尔·麦克法登 / 文　　张荣昌 / 译

有些人比别人更有钱——你们一定会经常注意到这一点。你们的一些同学乘坐豪华轿车上学，而别的同学则必须乘坐公共汽车上学；一些人穿名牌衣服；一些人有昂贵的玩具，而你自己很想拥有这些玩具，可是你们的父母不愿意给你们买，也许是因为他们买不起吧！

我年轻的时候，我完全清楚地知道，我拥有的物品比许多别的孩子少得多。我的家很穷——在加利福尼亚北部，我们的农民家里连电都没有。可是我的父母并不因为穷而感到害臊，相反他们不喜欢富人。太多的钱——他们对此深信不疑——败坏品性。他们教我懂得，生活中存在着比拥有一辆崭新的自行车更重要的东西。所以，我是在没有一定要致富的愿望支配下长大的。现在的情况则是，由于我的职业——我是一所大学的经济学教授——我能够生活得相当舒适。然而我参与了研究：在我们的社会里，财富是如何获得的，又是如何分配的。我的研究却更加使我对我父母当初的教诲深信不疑。

我一开始就说明这一层意思，因为我认为，如果你们考虑为什么有贫穷和富裕这个问题，你们就无论如何必须懂得这一点。许多人以为，钱能够解决一切问题。他们钦佩像比尔·盖茨这样的亿万富翁，并在暗地里希望自己在银行里，也有这么一大笔存款。也许更有甚者，他们居然认为穷人是劣等人。然而这却是错误的。人们不可以根据人的钱袋，而只可以根据其品性和人格来评价人。譬如，艺术家和社会救济机构的工作人员，完全自觉地选择一种并不能让他们特别能多挣钱的职业，原因很简单，因为这种工作给他们带来乐趣。我常常发现，这样的人比那些总是只追逐金钱的人更幸福。变富是不是根本就值得追求，这是一个必须由你们长大之后再作出的决断。

然而，即使我们根本就不想变富裕，我们当然还是要考虑，为什么有贫穷和富裕。也许你们已经见过一个无家可归者，你们曾想：这个人为什么不得不流浪街头？他睡在哪儿？他在哪儿得到一些吃的？或者电视里有一篇来自非洲的报道：那里的许多人简直一贫如洗。为什么他们的日子过得这么坏？这是怎么回事？

一个人是贫穷还是富裕，这首先是一件碰运气的事情。如果人们有幸地在一个像德国这样的富裕国家里长大，那么人们的日子就会过得很好——无论如何会比非洲的儿童过得好。此外，也许你们幸运地有这样的父母：他们有一所漂亮的房屋，有一座花园，可以带着你们到海边去度假。也许有一天，你们还会继承你们的父母积聚起来的财产——这将意味着，你们得到许多钱，但你们却并不曾为此做了什么事情。你们瞧：一切都纯粹是碰运气的事。

在非洲许多人穷得连肚子都吃不饱。在大多数情况下，这些人对此无能为力。贫穷常常因战争而产生，正常的经济过程被破坏，人们不再能够从事职业活动，譬如他们正在逃亡途中。然而，即使在和平时期，在非洲挣钱也会是很艰难的事情：譬如在许多国家很少下雨，田地里几乎什么庄稼也长不起来。穷苦农民的孩子们几乎没有任何别的出路，只有自己成为贫苦农民这一条路。跟继承财富一样，人们也能继承贫穷。

也许你们也有好运，生下来就有一种特殊的才能。譬如，如果你们足球能踢得很棒，你们也许就能挣许多许多的钱。有非凡才能的人往往比那些没有这样才能的人富有。然而人们如果生活在非洲，人们也许永远也不会有机会发展这些才能。你们可能是了不起的足球运动员或数学天才——可是你们仍然贫穷，因为没有人发现你们的才干。

还有这样一种机遇：受到良好的教育和发展自己的才能的机会。有时候你们一定宁可做点别的事情，也不肯去上学。于是你们的父母就说上学确实重要，你们却不相信他们的话。可是他们说得对。你们在德国上学，这是一大特权。你们受到的教育，比在许多别的国家里好得多。受过良好教育的人，通常挣钱多并能富裕起来。在你们一生中的某个时候会出现这样的时刻：从此以后，所发生的事情就不再仅仅是一个碰运气的问题。到那时候，你们就会通过选择一种带来或多或少收入的职业，使自己过上富裕的生活。

基本上有三种获得收入的可能性：第一种，也是最重要的收入来源：人们把自己的劳动力出卖给另一个人。如果人们当上了汽车机械师、医生或教授，那么人们就会为这一职业活动而得到报酬。对于大多数人来说，这是主要的收入来源。他们因出卖自己的劳动力而得到的这笔款项，决定了他们富裕的程度。第二种收入来源是，拥有某种具有生产价值的东西，譬如一辆载重汽车，人们可以把它租给一家正在建造一所房屋的建筑公司。于是人们就得到租金，这也是一种收入，所根据的事实是，人们拥有这辆载重汽车。获得财富和收入的第三种主要来源，则是人们天生所具有的企业家的才能。他们发明新的事物并建立新的公司，以便出售这些产品。你们看看比尔·盖茨，他富裕，因为他的公司提供了一种新型产品，这种产品已经证明，他是极其成功的。对于一个年轻人来说，革新也许是最令人兴奋的机会之一。人们并不是非得是个计算机迷不可。如果你们想到了一个更好的可能性，可以把商品放到一家超市的货架上，并且能够让别人使用你们的方法，那么你们自己就能凭着这样一种完全正常的手段使自己富起来。

我清楚地知道，这些获取收入的可能性，对于某些人来说很管用，但是对于另一些人来说，却根本不管用。即使在一个像德国这样的富裕国家里，也总是有相当贫穷的人。其中的原因有时是因为疾病，有时也因为人缺乏意志力，或者没有自我约束力。有些人吸食毒品，从而使自己失去了过正常生活和获得好收入的可能性。但是也有一大批失业的人，他们学会了一种职业技能并愿意工作——可是还是找不到工作。问问你们的父母，他们是不是认识某个失业的人。已经有比你们想象中的更多的人，不得不经历这种艰难困苦。

也许你们以为，这是不公正的。在这方面我只能同意你们的看法。但是可惜这种状况几乎无法改变——我们的世界就是不公正的，就是这么回事。我知道，这个事实难以让人接受。但是在这个问题上，我们不能自欺欺人：在好几千年里，人类一直没有发明可以平均分配财富、不让产生穷人的经济制度。人们称德国、美国，以及在许多别的国家的经济制度为市场经济。这就是说，各公司能够制造它们想制造的产品，人们可以自由购买他们想购买的商品。经济不受政府调节，而是由市场自己调节。这个制度运转良好，因为人们力求实现他们自己的利益。如果传说某种产品有用，那么某个人很可能也就会去制造这种产品。一个例子：如果突然大家都想买足球，商店里的足球脱销了，很可能有些人就会很快地生产出新的足球，以满足增长的需求。他们会这样做，因为他们生产足球能够赚大钱。

市场经济有许多优点。大部分的主动权都掌握在人们自己的手中。如果一个人不喜欢一种产品，他就可以不买它。但是市场经济也有缺点。最大的缺点就是，它并不是对所有的人都公正。市场经济不保护人免受命运的打击。某些工人受雇于某一个工业部门，他们很有事业心，很勤奋。然而，如果这个工业部门，由于整个制度中的某个原因而破产了，他们便失去其工作岗位。这是不公正的，可是这样的事一再发生。这是市场经济的消极面。

现在也许你们在想：所有这些诺贝尔奖获得者就不能坐在一起，发明一个真正公正的制度？一个没有穷人的制度？唔，计划经济的制度正是要解决这个问题的。这个词儿也许你们已经听说过。在其后面的想法是：大家共同决定财富如何分配，每一个人都是为公众谋利益的。这听起来很好，对不对？在俄罗斯，人们已经实践了70年之久的计划经济制度，然而在1990年，苏联的经济崩溃了。这个计划经济的制度干脆就不灵了。计划经济制度的崩溃证明了它有两个大问题。第一，在计划经济制度中的个人不像在市场经济中那样，有一种直接的和强有力的工作动力。即使这个制度也强调关心别人，但是，如果这些工作不能给人们带来直接利益的话，也难以让人们早晨一起来就埋头苦干。不管这多么可悲，我相信，这是人的本性。

另一个问题是财富分配问题。说是大家共同决定这些事务，这听起来很好听，然而在实践中，人们却需要一种官僚机构，以便做出这些决定。历史已经表明，公众对受到这个官僚机构冷遇，感到厌烦而奋起反抗。此外，这种制度中的官僚机构不像个别人那样，可以自己拥有各种信息，同时拥有实现个人欲望的动力。如果我关心我自己的欲望，那么我就确实有一种动力，设法使我得到我想得到的东西。如果我喜欢吃粗麦面包而不喜欢吃白面包，那么对我来说，就会有一种动力，我就会走出去，寻找粗麦面包。然而，如果由中央官僚机构控制财富分配，那么这个官僚机构就无从领悟，它应该给我的是粗麦面包而不是白面包。

所以，看来这完全好像只剩下市场经济可供选择了。尽管市场经济有着种种缺点，这仍然还是迄今人类所想出来的最好的经济制度。但是你们也应该明白，财富分配不是吃甜食。这是一件艰难的事情，简直是一场战斗。人们有着不同的利益，他们互相竞争，这就意味着有赢家和输家——有富人和穷人。像德国这样的有政府补贴的社会市场经济，它们为过于倒霉的人编织了一种安全网。政府能够设法使穷人不至于太穷。我想，文明国家对那些陷入社会困境中的人照顾得相当好。

税收用以确保让穷人的日子不至于太难过。然而，如果人们利用这税收政策，以设法让所有的人，达到同样的生活水平，那么，使市场经济启动起来的全部动力将被一扫而光。勤奋工作、受过良好教育和迅速发展其才能的人，这些人需要这样的动力：能够得到更高的收入。但是如果根本不管工作还是不工作，人们都会拥有一份稳定的收入，那么许多人就会不再这么勤奋工作，或者根本就不工作了。

我希望你们不会感到失望，噢，因为现在已经到了这篇文章结尾的时候了。我曾打算解释为什么有贫穷和富裕，可是最终却归结为一句话："世界是不公正的。"从根本上来说，我们人类是自私的，我们首先想到我们自己，以后也许会想到别人。当我用我的道德标准来衡量我自己的生活方式时，这种情况就特别地引起我的注意。我看到人们开着豪华轿车，建造奢华的住宅，而那里却有许多人还很穷很穷，这让我感到悲哀。但是我必须承认，我自己同样也有一幢相当可爱的住宅和一辆相当大的轿车。我一再想，假如我不富裕，我恐怕不会介意这种事情，但是在这一点上，我对自己并不完全有把握。

（摘自《诺贝尔奖获得者与儿童对话》一书）

忍住，这样面对孩子

徐小平

小儿子喜欢烹饪、街舞，一度说不要上大学了。大儿子遇到不喜欢的人和事就要顶撞。忍住，我放弃家长式强权的欲望，平等地跟他们交流。因为我面对的是有独立人格、独立思想的孩子，必须尊重他们。我对他们最大的期待，是他们快乐幸福。

尊重孩子的兴趣

我的两个儿子个性不同，都在加拿大出生，在美国念大学，但在十五六岁之前的梦想居然都是当摇滚巨星。他们天天在家里弹吉他，唱歌。我陪着他们弹吉他，鼓励他们。我欣赏着，也觉察到，他们并没有显示出巨星的特征。但这没有关系，鼓励孩子自由发展，鼓励他们追求自己的兴趣，不知不觉间，兴趣可能会变，人生的方向也就会一点点找到。

果然，孩子们摇滚歌星的梦很快做完了，但对音乐的探索，已经成为他们知识结构的一部分，让他们受益。随后，小儿子迷上了烹饪。十二三岁时，他报了一个烹饪班。我听到这个消息后非常震惊，还略微不悦。不过，我忍住了，很快说服了自己，不应以自己的好恶来决定孩子的人生，转而支持他。现在，他们几个男孩子出去玩，自己带着烤箱。可以想见，他会多受女孩子欢迎。

小儿子的兴趣不断刺激着我的神经。当他第一次告诉我要学街舞时，老实说，我不开心。心想，这简直是丢人。我宁愿我的孩子是跳芭蕾的王子，也不喜欢他们是街头的霸王。

这和我的审美取向有关。起源于街头的舞蹈，多多少少和反叛少年有联系。事实上，我又克服了自己的反感情绪，让他上街舞课，请韩国老师来教。我知道，跳街舞的人群中少有博士，少有 MBA，但我的孩子喜欢，这也是正当的爱好，我就尊重并支持他。

年前，小儿子突然跟我说，打算以后去参加街舞队四处巡演，就不考大学了。我听到后简直如五雷轰顶，快站不稳了，但我仍强忍着愤怒对他说，好呀。

今年，我刻意带着他参观了美国的一些大学。他感受到大学的氛围和诱惑力，对我说，他要上大学。我很欣慰，目的达到了。现在他一边在美国读大学，一边继续跳他的街舞。如果当初跟他严词厉色，说不准会激发他的逆反心理。作为家长最忌讳用家长式的强权命令孩子，春风化雨的手段则有效得多。

通过观察孩子的爱好，我几乎能看到小儿子未来生活的内容了。他一定是在他所热爱的领域里工作。我曾想过，如果他要做一个有特色的厨师会怎么样？没什么不好，肯德基、麦当劳、星巴克，不都很好吗？搞不好他还能创造一个新的流行品牌呢。

我鼓励孩子们发展自己的兴趣，多出去认识世界，多交朋友。喜欢交朋友，受人欢迎，这样的个性今后会帮到他。在团队中，老板、客户、同事就会喜欢他，愿意成全他，给他机会。这对于人生和事业都是很有帮助的。

不急于给他们答案

孩子是独立的个体，即使只有十二三岁，也应该把他当作一个有独立人格的人来平等对待，要跟他们平等沟通，尊重他们的选择权。你可以影响他，但不可以代替他思考，更不可以代替他做决定。

对大儿子，我也是这样做。他 18 岁时，有次和同学为一个问题争执起来，言辞激烈。我就跟他说，对谁都要谦卑、宽容点才好。他不置可否。父母希望孩子掌握自已人生智慧的心情很迫切，不希望孩子走弯路，但千万不要忘了，孩子有个成长过程，你不要指望他在 18 岁时就理解、掌握他爸全部的人生智慧。

两年过去后，我找他回顾当年的谈话。他对我说，还是你对，对人就是要和善、谦卑、尊重。我心里很高兴。

孩子常来跟我聊他们的困惑，大到人生的意义，小到学习古希腊哲学史到底有什么价值。

我要知道答案，尽量给他们解答，遇到我不确定的东西，就照实说我也不确定。一般而言，对儿子遇到的问题，我胸有成竹，但不急于给他们答案。我只想给他们打开探索的通道，教他们方法。

大儿子有次面临选择的烦恼，要参加学校的社团活动，又被朋友召集出去玩。他问我该怎么办，其实我心里早就写好答案了，应该去社团，因为他先答应参加社团活动，但是有时对孩子来说，哥们儿意味着一切，确实很难选。我就问他，你对哪个承诺在先？对哪个有责任？

他想了想，去社团了。

他最近跟我说，有个女孩似乎喜欢他，但邀请她一起参加 panty 却被拒绝了，很郁闷。我调动我有限的恋爱经验，跟他分析，是不是这个女孩子心情不好，刚刚跟妈妈吵架了？是不是没拿到奖学金？没找到答案，但是教会他从另外一些角度来看问题，他就释然了。

父母不可能陪伴孩子一辈子，教给他方法比只告诉他答案有用得多。

童年不是为成年做准备的

中国大的教育环境比较混乱。国家是培养良好的公民，还是共产主义接班人？是培养成功的人，还是幸福的人？这让家长在教育孩子的时候产生了很多困惑。“五道杠”黄艺博同学最经典地反映了中国教育的混乱。

中国虎妈甚至在美国引发了争议，这样的教育确实存在。我不喜欢这样的教育方式，也很难批评他们，但首先，我认为孩子的童年应该充满欢乐。哈佛大学前任校长曾说，童年不是为成年做准备的。如果把 18 岁之前的人生都叫做童年，过得不快乐，而是像服刑一样熬过来，人生的 1/4 就白活了。这样长大的孩子，到青年时期能幸福吗？虎妈把孩子的童年当作通往成功的工具，很有点像中国的农耕时期，父母把孩子当养老的工具。这是一种客观存在，但并不一定代表未来。

我的两个儿子一样面对着社会竞争的压力。要拿什么荣誉，上什么学校，这都是很实际的问题。我曾有名校情结，老在他们面前念叨名校如何如何。有天小儿子问我，如果上了你说的名校，但是不开心，那上名校还有意义吗？

他的话击中了我，的确，如果成功了不快乐又有什么意义？

我身边有熟悉的企业家朋友，事业上很成功，可他是为了逃离某种东西而奋斗，内心一直很痛苦。我不想让他们这样。

反过来说，让孩子自由自在，开心成长，这样的孩子一定有出息。我对孩子们最大的期望是拥有幸福快乐的人生，而不是“成功”这两个字，这点，我坚信不疑。

家庭没大规矩

现在，孩子们按照自己的意愿长大，在美国念大学了。我教育孩子谈不上很成功，但很满意他们的状态，快乐、自信已经成为他们的基调。

我在家里没定什么大的规矩，也就是要叫爷爷奶奶，要尊重长辈，对家庭聚会要认可，这些零零碎碎的东西。我对孩子更多的期待，是让他觉得这样做好，而不是立类似三从四德的死规矩。

一个受过良好教育的孩子，是懂得底线和规则的，不作恶、不撒谎、不闯红灯等等，这些是重要的社会教育内容。相比之下，我对他们社会教育的要求更高。一般来说，家庭教育管得太严的，孩子大都没什么出息。

我在国内，有时给他们打电话打不通时，就会很愤怒。但我一想到，许多家庭每天几个电话找孩子，孩子也不一定有出息，内心就平静了。当然，如果孩子一个月都不给我打电话，我就恼了，但也没办法，我只能尽量忍住，不表现出来。我希望孩子在自由、开心的环境中成长。归根结底，孩子是一个有独立人格、独立思想的人，你必须尊重他。

（摘自《三峡文学》2013 年 3 月上）

谁谋杀了“读书改变命运”

叶竹盛

几年前，在一个学术研讨会上，我听一个博士生用自己做例子，讲解“读书是怎样改变命运的”。她罗列了同一个祖辈下包含十几个子辈和孙辈的家族树。家族树上，除了她自己通过读书成为博士以外，其余孙辈或务农或打工，都未能脱离祖辈原本所处的阶层。

后来，我就再没有这位女博士的音讯了，不知她是否已经顺利毕业，也不知道她能否在千军万马中成功找到合适的工作。又假如她幸运胜出，成为高校教师，她是否像很多年轻学者一样，经常感慨高校“青椒”（青年教师）收入太低、工作压力大的“悲惨”境况？她是否又会时常陷入愧疚，因为她无力回报在经济上支撑了她十年大学求学路的家人？

这是一个真理容易崩塌、信念总是动摇的时代，“读书改变命运”就是其中一个受害者。随之倒下的是“知识就是财富”“书中自有黄金屋”等风行一时的教育励志口号。取而代之的是“一毕业就失业”“科研穷三代，读博毁一生”“高中生拖累全家，大学生拖垮全家”等令人沮丧的说法。

一个曾经振奋人心的信念倒下了，问题是：谁是凶手？

我最近看了一部名为《读书致贫》的纪录片，是《为什么贫穷》系列公益纪录片中的一部，由丹麦的一个公益组织拍摄，旨在唤起人们对贫困问题的关注。《读书致贫》是关于中国的故事，讲述了一个贫困家庭的女学生在高考前后的纠结：一个从独立学院毕业的大学生艰难的求职经历；一个私立学院的“讲师”四处宣讲，“忽悠”低分学生到这个学费高昂、教学水平低劣的学院读书。

这部纪录片令我震惊的是，在一些情况下，教育不仅无法助人脱贫，反而使人更贫困了。穷人不是教育恩惠的对象，反而成了教育产业捕食的猎物。用纪录片中那位“讲师”的话说就是，他们学校一般只挑偏远地区消息闭塞的地方宣讲招生，因为这些学生不像城市里的学生，没什么见识，根本没办法识破这些骗局，不知道一旦进了这些学校，面临的将是什么局面。

教育是每个国家最重要的公共产品之一。对公共产品的依赖程度，穷困阶层比富贵阶层更高，因为富人更有能力自寻出路。公共产品存在缺失的地方，穷人更可能成为受害者。例如，食品安全也是一个基本的公共产品，但是现在，农村地区假冒伪劣产品横行，监管疲弱，农民或许可以用较低价格买到商品，但可能要付出更高的医药成本去治疗伪劣产品导致的健康问题。一个国家至少应该确保穷人能够在同等成本下享有同等的公共服务，假如穷人因此需要付出更大代价，或是根本就被拒之门外，那么一定是有关政策出了问题。

在教育方面，穷困人群几乎在每个关卡上都被抛弃了。同样是义务教育，城乡的教育质量差距越来越大。同样是天资聪颖的学生，如果家庭条件不好，就注定了在将来的求学道路上，会比其他人更为艰难——他们需要更高的成绩才能进入同样层次的大学；假如他们成绩一般，则可能要支付更高的学费进入那些教育水准非常可疑的学校。等他们毕业时，还要背着沉重的经济和情感债务，在熙熙攘攘的职场上负重前行。

命运总是不公平的，教育应有的目标便在于减缓乃至纠正不公平的命运给人们造成的冲击，这就是为什么我们一度相信“读书改变命运”。当教育本身成为不公平的根源之时，这个信念便不再被坚信，久而久之，整个社会都可能是受害者。

（摘自《南风窗》2015 年第 8 期）

上大学要多高的智商

薛　涌

如今发达国家迅速白领化，上大学的人在适龄青年中快成了大多数，甚至有大学教育义务化的趋势。比如，在马萨诸塞州，就正在讨论是否提供免费大学教育（主要是两年制的社区学院）的问题。

大学的普及意味着人们文化程度的提高。不过，这种提高可能会降低大学本身的层次：从知识精英的殿堂变成了大众教育机构。这样的大学还叫大学吗？大学在大众化中能够保持过去那种精英教育的质量吗？更重要的问题是，真有那么多人都适合或者需要上大学吗？

2007 年，《华尔街日报》连续发表了三篇文章尖锐地提出了这些问题。此文的作者不是常人，而是 1994 年出版了轰动一时的智商研究名著《钟曲线：美国生活中的智商与阶级结构》的作者之一 Charles Murray。

这次 Charles Murray 在《华尔街日报》发表长篇大论，还是演绎智商理论的社会意义。当今最流行的思想是：大学教育是缩小贫富分化最有力的手段；给年轻人提供大学教育，是对未来最好的投资；越多的人上大学，社会就越平等、越有希望。对此，Charles Murray 则反唇相讥：智商决定了有的人是上大学的料，有的人不是；把不是上大学的料塞进大学，就好像用劣质金属造精密机械，只会造成巨大的浪费。

Charles Murray 要人们面对一个基本事实：有一半孩子的智商是在平均线以下。这个平均线是 100。你低于此线，就属于人口中智商偏低的 50%，高于此线，就属于智商偏高的 50%。不过，大部分人的智商，都集中在 100 这条线的上下。假设一个女孩子的智商是 135，那她就是人口中百分之一的顶尖聪明人了。如果她英语课的成绩仅仅是 C，那就叫潜力没有发挥出来。如果教育者对其悉心调教，她的学业会有惊人的长进。坐在她身后的一位男孩，考试得了个 D，但他的智商略低于 100 的平均线。我们可以多教他一些词汇，多让他做一些练习。但是，他不可能再往前走多远，不要指望他会成为作家或者工程师。

为什么这么说？现有的研究证明：智商主要是由先天的基因决定的。现在没有人知道如何提高智商。人工的干预和开发，只能短时间内把智商提高七八点。但是，一旦这种干预和开发停止，提高了的智商很快就会跌回去。2005 年，“全美教育进步估价”机构报告说，有 36% 的四年级学生的阅读水准低于该机构设定的基本水准，说明教育出现了很大问题。Charles Murray 则指出，四年级孩子中智商低于 95 的，正好占 36%。这主要不是教育问题，而是人的先天条件决定的，不必大惊小怪。

在 Charles Murray 看来，一般智商水准的人，努力学习后能够体面地完成高中学业，再往前走就非常困难。这在自然科学上最明显。一般智商的人到大学学自然科学根本跟不上。

据说当年有位俄罗斯的量子物理学家讲完课，一位学生跑过来抱怨：“教授，我怎么还是搞不懂。”那位量子物理学家不动声色地说：“量子物理学不是谁都能懂的。”我刚来美国时，一位英文老师向我们诉苦：她念大学的女儿数学不过关，跑到数学教授那里问究竟，那位教授则说："有人学得会，有人学不会。"智商低，在数理上会一筹莫展。文科则似乎好对付些。比如一个智商为100的学生，上"经济学入门"也能跟着读书考试，但大多知识他似懂非懂，只能靠死记硬背蒙混过关，无法掌握经济学的真髓。在我看来，低智商的人在文科中碰到的问题是提不起兴趣，不理解也无法感受到一个很"不实际"的问题为什么那么重要。Charles Murray 的结论是：一个人读大学，智商低于110就很成问题，而智商高于110的只占人口的25%。如果你想要在大学表现出色，智商至少要达到115，也就是达到人口中15%的顶尖水平。如今美国的现实是，45%以上的高中毕业生进入四年制大学，考虑到高中辍学的因素，大约40%的适龄青年在大学读书。这样，大学生智商的准入水平就降到了104。

以104的智商接受给110甚至115的智商的人准备的高等教育，就改变了大学的性质。当今许多大学生，甚至也许是大多数大学生，到校园来寻求大学并不提供的东西。你很难想象一个智商略高于平均线的人会对柏拉图产生兴趣，也难怪这样的学生上课没精打采，只会对"实际"的课程感兴趣，比如财会。他们的存在，在大学中创造了对实用课程的强大需求，一些抽象的、理论性的课程则无人问津。大学像个培养学徒的作坊，而不再是坐而论道的地方。

如果你在哈佛、耶鲁教书，当然不会感受到这样的变化，因为那里的学生智力都是顶尖的。但是，到草根的小学校教书，则不时要碰到低智商带来的问题。比如，我所在的 Suffolk 大学是个地方的私立学校，现在一年学费2.5万美元，并不便宜，按说应该保持相当的质量。但是，我第一年教书时，开学第一堂课就面对一个歪戴着帽子、懒洋洋地坐在椅子上的学生的提问："我是学商务的，我就是想赚钱。我为什么要学历史？你能教我赚钱吗？"其实，这样的学生占了班里的绝大多数。我很同情他们，也挣扎了两三年，试图向他们证明：成功的人需要一些人文学科的基本训练。到美国各大学一看就明白，越是水平高的学校，学生的兴趣就越抽象、越"没用"。比如，历史就是耶鲁最流行的专业。可是，我讲也白讲。班上几个智商高的学生，会频频提出尖锐复杂的问题。但是，大多数人根本不理解中世纪的威尼斯和他们有多大关系。让他们学这些，实在是赶鸭子上架，勉为其难了。

这并不是说智商低的人不配接受良好的教育。相反，社会有责任给他们提供教育机会，只是必须因材施教。Charles Murray 提出，这些智商达不到 110 或 115 的学生，应该接受两年制的社区学院的教育，不要挤到四年制的大学中来。这些人通过文字这种过于抽象的媒介来接受知识很慢，但可以通过音响和图像来模仿，可以跟着师傅迅速掌握某些具体的技艺。他们对超出自己直接生活经验的东西很难产生兴趣，但对身边具体的生活经验能很快领悟。比如，木匠、泥瓦匠、管道工、电工、油漆匠等，在当今的白领社会仍然有大量的需求。一个好的木匠，一年能挣十几万美元。许多所谓低智商的人，在木匠这行比高智商的人灵巧多了。不让他们进技工学校学木匠，赶着他们进四年制大学不知所云地读柏拉图、中世纪史，受这么大罪、花这么多钱，最后毕业连个年薪四万的工作也找不到，这岂不是误人子弟？

大学的这种困境，反映了西方文化中的一个难题。以基督教和民主制度为基础的西方文明，把平等视为社会的基本价值。如今男女平等、种族平等都成了政治正确的话语，更不要说阶层平等了。但是，人的智商却从来不是平等的。这种不平等，又会带来巨大的社会和经济后果，无法对其视而不见。当今高等教育的普及，多少是建立在这种对智商因素无视的基础上的。放眼世界，美国的高等教育之所以还在全球领先，一大原因就是大学还强调竞争性，在全民性这条道路上走得还不是太远。美国适龄青年上大学的比例，比欧洲几个国家还略低，而且大部分大学生集中在社区学院等低端大学中，常青藤等精英大学则一直选择智商极高的学生。在欧洲，高等教育过于大众化，盲目扩大学生人数，乃至一些昔日的世界一流大学，也因为严重超载、学生平均智商下降而失去了竞争力。中国过去几年的大学“扩招”，后果更加严重。学院改大学，大专、中专也升级为大学，高等教育在四年制的高端盲目扩张，最后造成了许多低智商的学生进入大学，毕业后找不到工作。

21 世纪，普及高等教育是个不可阻挡的趋势。但是，良性的普及，要求大学本身分出层级，在高端保持精英教育的品质，在低端扩张社区学院等大众化的教育机构。人人平等仍然是人类社会的核心理想，但是，只有承认智商事实上的不平等，才能设计出相应的政策，使每个人都能“天生我材必有用”地贡献于社会。这也许才是更深刻的平等。

（摘自中国青年出版社《一岁就上常青藤》一书）

犹太人的家庭教育

杭瑞勋

为了解释在智力取向的活动中犹太人的优势之谜，人们提出了无数的理论。其中，国外一位作家在书中写道：“犹太人家庭是学问受到高度评价的地方，在这个方面非犹太人的家庭相形见绌。就是这一个因素，构成了其他一切差异的基础。”为此，我们来了解一下，犹太人的家庭教育究竟有哪些特点。

书是甜的

在每一个犹太人家里，当小孩稍微懂事时，母亲就会翻开《圣经》，滴一点蜂蜜在上面，然后叫小孩子去吻《圣经》上的蜂蜜。这仪式的用意不言而喻：书本是甜的。古时候犹太人的墓园里常常放有书本，因为“在夜深人静时，死者会出来看书的”。当然，这种做法有一些象征的意义，即生命有结束的时刻，求知却永无止境。犹太人家庭还有一个世代相传的传统，那就是书橱要放在床头；要是放在床尾，就会被认为是对书的不敬而被禁止。犹太人不焚书，即使是一本攻击犹太人的书。犹太人爱书的传统由来已久，深入人心。联合国教科文组织 1988 年的一次调查表明，在以犹太人为主要人口的以色列，14 岁以上的以色列人平均每月读一本书；全国的公共图书馆和大学图书馆 1000 多所，平均 4500 人就有一所图书馆。在有 450 万人口的以色列，办有借书证的就有 100 万人。在人均拥有图书和出版社及每年人均读书的比例上，以色列超过了世界上任何一个国家，为世界之最。

抢不走的宝贝

犹太家庭的孩子，几乎都要回答这样一个谜题："假如有一天你的房子被烧毁，你的财产被抢光，你将带着什么东西逃跑呢?"如果孩子回答是钱或钻石，母亲将进一步问："有一种没有形状、没有颜色、没有气味的宝贝，你知道是什么吗?"要是孩子回答不出来，母亲就会说："孩子，你要带走的不是钱，也不是钻石，而是智慧。因为智慧是任何人都抢不走的，你只要活着，智慧就永远跟着你。"由于历史上的犹太人不断遭受迫害，财产被掠夺，房屋被烧毁，人民遭驱逐、屠杀，从而使追求知识、增长智慧成了犹太人的一种防卫机制。犹太人一心追求知识，并以不同寻常的方式运用知识来谋生的特点代代相传。

在 20 世纪初，美国工业管理委员会发现，犹太母亲的就业率低于其他民族，她们留在家里照看孩子，确保孩子上学。而当时同为移民的意大利人对美国的教育疑虑重重，特别是来自西西里或意大利其他贫瘠地区的人，他们把孩子当作田里工作的好帮手，认为教育是一种人力剥夺。由于看不到孩子上学的重要性，结果他们的孩子逃学多、辍学早、成绩差、少年犯罪率高。而犹太儿童则因学习成绩好，听话和总的行为良好，被老师所喜欢。

学者比国王伟大

当其他民族将王侯、贵族、军人或商人的地位放在学者之上时，犹太人却认为学者比国王伟大。犹太人历来尊崇学者，使拉比——教师和智慧的人得到极高的声望。在古代的犹太社会里，凡是被称为“他尔米特·赫里姆”，即精通犹太法典者，都不必缴税，因为大家认为他们已经付出了很多心力，对整个社会有着莫大的贡献，所以不但不让他们缴税，而且要以整个社会的力量去帮助他们。有一条犹太格言是这么说的：“为使女儿嫁给学者，即使变卖一切家当也值得；为娶学者的女儿为妻，纵然付出所有的财产也在所不惜。”在犹太社会里，教师甚至比父亲还重要。假如父亲和教师双双入狱，而且仅能救出其中一人的话，孩子一定会救出教师，因为在犹太社会里传授知识的教师非常重要。

以后，当学者的声望从宗教学问转移到世俗学问上时，大学里的学位特别是高学位成了犹太学生追求的目标。对一个犹太家庭来说，没有比家庭中有一位或几位博士更为荣耀的了。其结果是在犹太人中产生的诺贝尔奖获得者、学科领域中的代表人物以及各种专业人才，其数量之多远远超过他们的人口比例。

发问和答案一样重要

犹太人不仅非常重视知识，而且更加重视才能。他们把仅有知识而没有才能的人喻为“背着很多书本的驴子”。他们认为，一般的学习只是一种模仿，而没有任何的创新，学习应该以思考为基础。思考是由怀疑和答案所组成的。学习便是经常怀疑，随时发问。怀疑是智慧的大门，知道得越多，就越会发生怀疑，而问题也就随之增加，所以发问使人进步，发问和答案一样重要。正是基于这种认识，犹太人家庭特别注重与孩子的思想交流，孩子一直受到成人的教诲和指导。孩子们可以同成人谈话并讨论问题，偶尔成人还会同孩子们缠个没完，意在引导他们投入到学习与研究上去。无疑，犹太人出名的口才和智力测试中的高分同这一点不无关系。

（摘自《家庭教育》1999 年第 2 期）

神秘而传奇的耶鲁大学

夏秋华

作为“常春藤大学”的三大家之一，耶鲁大学就坐落在美国波士顿与纽约之间的纽黑文市中心，虽然这是个小城市，但它却有大都市的“气势”，它的文化资源极为丰富，生活设施十分齐全。在文化资源方面，就有纽黑文交响乐团、欧杜邦艺术中心、街区音乐学校、宫廷表演艺术中心、舒伯特表演艺术中心……它们与古老的耶鲁大学构成一道古朴、典雅的文化风景。

耶鲁校园中，一座座以巨大石块砌成、尖顶直刺蓝天的钟楼、高塔，带有宗教色彩的深深烙印。从这座校园中走出的莘莘学子，往往能成为某一领域举足轻重的精英。这所大学对入学者精挑细选的“高门槛”，以及对学校规模的严格控制，每每成为人们议论的话题。这一切，都为耶鲁蒙上了一层神秘的色彩。而在耶鲁大学的校徽上，以拉丁文写就的“光明与真知”，历经几个世纪的风风雨雨，依然焕发出悠远的光芒。

耶鲁创造的“美国之最”

耶鲁在其300年的办学历史中创造了一系列美国之最：美国第一所有资格授予博士学位的大学；藏书1100万册的图书馆是全美大学中最大的图书馆；英国艺术中心是英国本土之外最大的英国艺术收藏馆，等等。

迄今为止，有5位美国总统毕业于耶鲁；1789年以来的美国内阁中，9%的成员来自耶鲁，十余位美国最高法院大法官都曾在耶鲁学习；担任美国企业领导的耶鲁校友，数量远远超过其他大学；耶鲁毕业生成为众多著名大学的创始人或第一任校长，如普林斯顿大学、康奈尔大学、约翰·霍普金斯大学、哥伦比亚大学、芝加哥大学等，并因此将“美国学院之母”的桂冠奉献给自己的母校。

此外，耶鲁还造就了灿若群星的各界知名人物：电报的发明者莫尔斯，词典编纂学家诺亚·韦伯斯特，演员梅丽尔·斯特里普、保罗·纽曼，还有那位著名的美国民族英雄内森·黑尔，他的铜像伫立在耶鲁丹枫似火的校园里，那句广为传颂的名言：“我唯一的憾事是没有第二次生命献给祖国。”据说是出自他在耶鲁修习的拉丁文课上。

人文科学的殿堂

耶鲁大学是世界上最早设立人文和艺术学科的大学之一，拥有众多一流的人文科学系和人文科学研究计划，其英语系和历史系排名均位居全美大学之首，哲学的师资力量也相当雄厚，耶鲁的骄傲——惠特尼人文科学研究中心，使耶鲁成为美国高等教育界人文科学研究的高地。耶鲁特别强调自由的思想和自由的学术空气，这种“自由教育”的原则，使耶鲁能够包容各种思想流派，保持勃勃生机。

独特的“领导者教育”也是耶鲁的一大特色。从挑选学生开始，领导才能和潜力就被作为重要的标准；在大学教育中，领导学和领导艺术也总是被优先考虑。

耶鲁在课外活动方面不断增加资金投入，支持各种学生社团和竞赛，特别是演讲和辩论，从中不断挖掘具有领导潜力的人才。耶鲁要求学生具有广阔的国际视野，为他们提供充足的出国留学机会，使他们开阔眼界，提高综合素质。同时，耶鲁也重视让学生在当地社区中锻炼、发挥才能，并借此培养学生作为国家公民和城市居民的责任感。目前，耶鲁有 2000 余名学生积极投身于纽黑文市的基层工作，在服务社会的同时增长才干。

耶鲁的教师包括卓有成就的历史学家、文学批评家、科学家、工程师、艺术家、诗人等，他们中不少是诺贝尔奖、菲尔茨奖、普利策奖的获得者。有别于其他大学，耶鲁的教师深深地融入校园生活，他们常常会出现在住宿学院的餐厅里，与学生一起就餐、聊天。密切的师生关系，是耶鲁引以为傲的又一特色。

教授做主的耶鲁

耶鲁大学最具管理特色的是教授治校，这一特色对美国高等教育产生了巨大影响。建校初期，经过三代校长的努力，耶鲁逐渐形成了董事会不具体参与校务管理、而由教授会治校的法规。在当时的美国流传着这样一句话——“普林斯顿董事掌权，哈佛校长当家，耶鲁教授做主。”

由于教授有职有权，他们对学生的利益特别关心，对学院的名气尤为重视，对教学质量要求也非常严格。同时，它使学校产生了一种强烈的独立性，以至于耶鲁首创的学校董事会不驻校制以及权力机构校外制等被后来成立的许多大学竞相采用。

300 年来，不管耶鲁的管理体制如何演变，但重视和信赖教授的传统代代相传，它反过来又激励着教授们充分发挥他们的才干和能力，注重提高自己的道德修养，提高教授会的威信，也加强了教师的独立性。

耶鲁大学既没有庞大的脱离教学的行政人员队伍，也没有专门的行政大楼。若问这所世界驰名、富甲一方的大学的校长在何处办公，人们会告诉你，校长的办公室在最矮最不起眼的小楼里。

既然教授在耶鲁的作用举足轻重，教师本身的素质当然要十分过硬，耶鲁的教师需要经过严格的挑选。教师们学识超人，学生对他们非常崇拜。但由于他们对学生要求非常严格，学生对教师同时也很敬畏，私下里为那些严厉的老师取了很多形象的绰号。但耶鲁的学生非常幸运，他们很早就能得到德高望重的名师的亲自授课，而这也是耶鲁学生素质高的原因之一。

不是“象牙塔”，是“国际社区”

在大多数中国人的心目中，耶鲁还是相当神秘的，使人觉得这校园是一座真正的“象牙塔”。

其实，耶鲁更像一个荟萃世界各国优秀人才和人文特色的富于亲和力的“国际社区”。目前耶鲁拥有 11000 多名学生和 3000 多位教员，其中包括来自世界各国的优秀人才。由于具备国际性的教员队伍和学生群体，耶鲁能够使所有的学生生活在一个价值无可比拟的环境之中，他们可以接触多种多样的观点和形形色色具有不同背景、目标和价值观的人。

耶鲁取得成功的一个关键之处，还在于它拥有巨大的资源，并致力于为所有的学生提供经济资助。30 余年来，耶鲁满足了所有美国和加拿大学生对于经济援助的需求。从今年夏季开始，来自世界任何国家的学生都有资格获得全额的经济资助。这一政策保证了任何一个学生无须考虑经济因素，只要具有相应的成绩和潜能，就能够进入耶鲁学习。

做耶鲁人并不轻松

今天的耶鲁大学包括耶鲁学院（本科生院）、艺术与科学研究生院及 10 所专业学院，即建筑、艺术、神学、戏剧、森林与环境、法学、管理、医学、音乐、护士。其中，文科的历史、英语、法语、德语、政治学、音乐专业，理科的生化、分子生物、数学、物理专业在美国大学中名列前茅，而法学院更处于数一数二的位置。福特与克林顿总统都是耶鲁大学法学院的毕业生。

耶鲁大学的学业非常重。它要求每个学生修完36门课（其中8门可以是只记及格、不及格的），而其他大学一般只要求32门课。耶鲁大学的学生必须从四大领域里各选修3门课，并学2年外语。一年级最难学的课程可能是《指导下的研究》，它是一门综合研究西方文学、历史、哲学的课程。

在耶鲁与中国的交往中，1901年成立的专门组织雅礼协会起着特殊的作用，一百年来，它对于推动中国的英语教育、医疗教学和公共卫生等方面起到了非常重要的作用。

一座座直逼蓝天的钟楼、高塔巍峨坚固，满园浓艳似火的丹枫，烘托着人们对于真理、知识的热切向往和执著探求。每当耶鲁的象征——哈克尼斯塔悠扬的钟声和小教堂管风琴的合鸣在纽黑文市上空萦绕回旋的时候，一种对于这座人文科学殿堂的景仰之情就会在人们心头油然而生。

（摘自《中外文摘》2006年第2期）

不相同的树叶

袁　晞

欧洲人相同吗？他们有共同的本能、特征、美德和瑕疵，他们被大体相似的诱惑所打动，能够表现出同样的崇高牺牲、壮烈的英雄气概、卑鄙的怯懦无能、行为丑恶和残忍无情。欧洲人不同吗？每个男人或女人都不同于所有其他的男人或女人，正如同一棵树上每一片叶子都不相同一样。路易吉·巴尔齐尼在《难以对付的欧洲人》（生活·读书·新知三联书店 1987 年出版）一书中是这样区分欧洲人的：沉着的英国人、反复无常的德国人、好争吵的法国人、灵活的意大利人、谨慎的荷兰人……

在欧元开始启动，欧洲一体化进程向前推进的今天，读读巴尔齐尼这本描述准确而又生动有趣的书，想想相同又不相同的欧洲人和他们生活的美丽土地是件很有意思的事情，也是一种享受。

先说英国人吧，书中是这样说的：英国人认真、俭省、谨慎、勤勉、作为上策的诚实、账目正确、严守时刻、无私的爱国主义、勇敢无畏、在战斗中视死如归、顽强、自制、光明磊落，但与此同时，适者生存、追求利润等等。他们都有一些完全相同和普遍的观念牢牢地印在头脑里，这就是为什么过去和现在，在与上级失去联系的遥远地方，英国的海陆军将领、总督、大使、年轻的行政官员、商船的船长、孤立哨所带兵的尉官，甚至普通平凡的英国人，当面临危险的紧急关头，总是确切地明白怎么做，同时肯定女王、首相、外交大臣、坎特伯雷大主教、任何酒店里喝啤酒的人或《泰晤士报》的编辑都会衷心称许。英国人曾是欧洲大陆人的楷模，从宪法、议会民主到黑色服装，“黑衣服只是一种象征，表现了对英国在抽象哲学、音乐、烹饪、调情以及几乎所有方面的至高无上的默认和对英国人财富、权力、精明和必要时的残忍的羡慕和妒忌。”大英帝国的辉煌一去不复返了，但这个民族值得“羡慕和妒忌”的精神还在。

有这样的诗句：“幸福的乐土，沃野良田；欧洲的珍珠，人间天堂！”这就是法国。这是一个独特的、活跃的、有创造力的、富有勇气的、才华横溢的、不安静的国家。戴高乐说：“法国是世界的光明，”“她的命运是照亮宇宙。”的确，没有法国，世界的历史与当代文明就绝不可能是现在这个样子。法国给人类的贡献是无价的、决定性的。实际上，所有欧洲国家今日的政治基础全都归功于法国大革命的思想。当然，今天的法国还得背着它那千年遗产的重负。巴尔齐尼写道：法国的“对手们前进时当然轻松得多，它们没有这许多需要耗费重金以保存、刷新并恢复的‘往日荣耀’”。

德国是思维的故乡，它的思想和它的音乐一样传遍世界。巴尔齐尼战前战后都与德国常来常往，见过希特勒，也见过阿登纳，他以沉重的笔调写出了德国人民怎样整齐地走上了希特勒的战车，付出了惨痛的代价。在写了战后德国人步履沉重、东张西望和深刻的忏悔后，他又以欣喜的口吻描述了德国又奋力登上了顶峰，重新成为欧洲最富有、最强大、最有效率、最有秩序、最有生产能力、具有最现代化科学技术的国家。并预言：“欧洲的未来仍将再一次主要取决于德国的未来。”今天，统一的德国确实在欧洲起着重要的主导作用。

意大利人巴尔齐尼是这样说自己的国家和同胞的：他们的烹调——老三样：橄榄油、大蒜和番茄酱，他们的政府——既无能又短命，他们的天赋——艺术上的，他们的美德——私下的，他们的罪恶——公开的……“意大利人说话的含义与字典上所说的并不永远不变，”“在这里没有一成不变的法则”。是不是有点严于解剖自己？

巴尔齐尼把美国人也算在欧洲人之中，他认为，从哲学意义上讲，美国是欧洲的属地或延伸。美国人是这样想的：欧洲是西方种种思想和希望的诞生地，是其故乡。美国人要捍卫欧洲无非是因为他们知道，没有它生活就没有过头，没有那些共同的西方价值，生活就没有意义。这就是为什么不讲交情、只顾生意、只关心自己的美国人在没有领土纠纷、没有旧恨新仇的情况下，在两次世界大战中都是军号嘹亮、旗帜飘扬——像西部的美国骑兵一样赶来救援。这二十多年中，美国牺牲了多少生命和金钱，两度救了欧洲。欧洲人又怎样看美国呢？巴尔齐尼说，在当代欧洲人眼里，美国的理想和希望是他们共同道德的一部分；他们公认，绝大部分美国人的希望不仅仅是美国人或欧洲人的希望，而且也是全人类的希望。

巴尔齐尼生活在欧洲人中间，同包括美国人在内的各国人民的直接交往，使他用准确的、并带点儿幽默的语言勾勒出每个民族的形象，就像在介绍自己的家人。这种介绍不是一条一点地概括总结，而是把社会生活的各个方面穿插在一起叙述历史和现实的种种事件，大到世界大战、政府更迭，小到家庭琐事、个人经历，当你读完一章时，一个民族的形象就出现在你面前，既是活生生的每一个，又是概括的群体。

如果把不同的国旗、邮票、警察制服置之度外，在法国人、意大利人、奥地利人、瑞士人和德国人眼里，白雪覆盖的阿尔卑斯山同样巍峨；在莱茵河、多瑙河两岸的绿荫里，到处都可以认出共同的乡土；走到哪里都有明暗相间、烛光摇曳的小教堂和水晶吊灯下金白两色交辉的歌剧院；还有这块大陆的精髓——葡萄酒……欧洲相同的东西太多了。统一的欧洲一直是一个梦想，多少世纪以来，君主、皇帝、政治家、思想家、诗人都这样想，从康德、诺瓦利斯、伏尔泰、卢梭、拉马丁、米什莱、雨果、科布登、圣西门、边沁、马志尼到克勒门斯·梅特涅和皮埃尔·蒲鲁东……

天下大势本来就是中国人说的分久必合，合久必分。

树叶尽管不同也要共生。

巴尔齐尼在书中写道："尽管存在着无穷的差异，多种不同的历史、宗教、烹调术，数不尽的语言和方言，我们基本上是同一类的人，在相互的国家和家庭里并不感到拘束。这无疑是个暖人心房的想法，使人充满希望。假如取消了国界，欧洲人过去的一切战争，随之就会变成虽则血腥然而是无足轻重的家庭内讧，谁也不再是战败者，而只有一个胜利者即欧洲。"

可是联合的欧洲为什么是一个萦怀了多少世纪而没有实现的梦想，是什么左右了欧洲？是根深蒂固地存在着的敏感的民族自尊心，是每个成员都有充分的理由留恋自己的光荣历史，留意防护并警惕地保卫自己独特的遗产（戴高乐就私下承认他担心自己国家的宝贵特征会消失在大饭锅里），还是多少个国家就有多少种不可侵犯的利己主义……欧洲人都有这样的缺点：悲观、谨慎、吝啬、讲求实际，犹如老式的银行家。巴尔齐尼说，他们是明智的，但经常失算是失之于过分明智。

第二次世界大战后，冷战的阴影笼罩着整个欧洲，一想到生猛的苏联大兵和那个国家拥有的核武器就让人不寒而栗。生存还是毁灭？在这一抉择面前，联合起来是每个明智的欧洲人想到的求生之策。"欧洲联合起来。"丘吉尔、阿登纳、戴高乐都喊出了这样的口号（丘吉尔甚至把自己涉及许多国际问题的讲演集定名为《欧洲联合起来》）。丘吉尔说："我们必须达到的目的正是整个欧洲的联合。""在危险和需要的压力日益增长的情况下，一些在今天看来是不实际的设想，很可能在几年之内就成为显而易见的和不可避免的事情了。"戴高乐说："欧洲各国联合起来，就能够成为，而且也应该成为前所未有的、有利于人类的、最强大的政治、经济、军事和文化力量。"

在现实的压力下，尽管是一片争吵声，战后几十年中欧洲委员会、欧洲共同体成立了，成员国也逐步增多，欧洲联合的步伐在慢慢迈动。

冷战结束，没有了苏联的军事压力，欧洲人发现美国、日本的经济压力同样沉重和紧迫，在经济上同样面临生存还是毁灭的抉择。欧洲各国的共识是：联合的步伐不能减慢，而是要加快，其他任何国家利益只能服从于此。《马斯特里赫特条约》的签署就基于这样的背景。

戴高乐曾有这样的理想："首先，经济的欧洲；其次，政治的欧洲；然后，欧洲人的欧洲；最后，友爱的欧洲。"今天的欧洲联盟是经济的，也是政治的。戴高乐的理想刚刚开始实现。

冷战结束后的欧洲能不能没有美国而独立存在？在未来的世界上能不能成为在政治、经济、军事诸方面制衡美国的力量？这对欧洲和世界都至关重要。

得过诺贝尔文学奖的丘吉尔曾写下这样漂亮的文字：欧洲统一"这一事业要不是成为关系重大的事业，就是仅仅变成一场空谈。如果成为空谈，那么它就会在路边凋萎下去，但如果它是处在这种黑暗时刻的欧洲和世界的重大需要，那么火星就会开始燃烧，火焰就会在许多国家男男女女的内心里和思想上发出更加明亮和更加炽烈的光芒"。20 世纪末，虽然早已不是"黑暗时刻"，但欧洲统一事业仍是"欧洲和世界的重大需要"，火焰可能会在新的世纪发出"更加明亮和更加炽烈的光芒"。

（摘自《博览群书》2000 年第 5 期）

当我谈跑步时，我谈些什么

〔日本〕村上春树 / 文　　施小炜 / 译

跑步进入我的日常生活，是在很早以前，准确说来是 1982 年的秋天。那时我 33 岁。

刚刚成为专业小说家那会儿，我首先直面的问题，却是如何保持身体健康。我本是那种不予过问便要长肉的体质。从前由于每日从事繁重的体力劳动，体重才控制在稳定状态。自从过上了从早到晚伏案写作的生活，体力便逐渐下降，体重则有所增加。因为需要高度集中精力，不知不觉香烟便抽过了头。那时候一天要抽 60 支香烟，手指熏成了黄色，浑身上下都发散出烟味，怎么说对身体也不好。打算作为小说家度过今后漫长的人生，就必须找到一个既能维持体力又可将体重保持得恰到好处的方法。

跑步有好几个长处。首先是不需要伙伴或对手，也不需要特别的器具和装备，更不必特地赶赴某个特别的场所。只要有一双适合跑步的鞋，有一条马马虎虎的路，就可以在兴之所至时爱跑多久就跑多久。我关店歇业之后，也是为了改变生活方式，便将家搬到了千叶县的习志野。那一带当时还是野草茂密的乡间，附近连一处像样的体育设施也没有，道路却是齐齐整整。恰好我家近处有一个日本大学理工学部的操场，大清早那儿的四百米跑道可以自由地使用。因此，在众多体育项目中，我几乎毫不犹豫地选择了跑步。

成为职业小说家，让人觉得最高兴的是，可以早睡早起。开店时代，上床就寝时已然是黎明时分，这样的事情司空见惯。12 点打烊，然后整理、清扫、算账记账，为了缓解兴奋还得聊聊天，喝点儿酒。如此一来二往，就到了凌晨 3 点，将近黎明了。常常是坐在厨房餐桌前独自写着稿子，东方的天空渐渐白将起来。于是乎，一觉醒来睁开眼睛，太阳早已高高悬在中天。

闭店歇业，开始了小说家生涯，我们——我和太太——最先做的事情，就是彻底改变生活形态。我们决定，太阳升起来的时候起床，天色变暗了便尽早就寝。这就是我们想象的自然的生活、正常人的生活。不再从事服务业了，今后我们只见想见的人，不想见的人则尽量不见。我们以为，这样一种小小的奢侈，至少在短期之内无伤大雅。我本非善于同人交往的人，有必要在某个节点回归原始状态。

于是，我们从长达 7 年的“开”的生活，急转直下改为“闭”的生活。我觉得，那样一种“开”的生活，曾经在我人生的某一阶段存在过，是一件好事。现在想起来，我从中学到了很多重要的东西，这类似人生综合教育期，是我真正的学校。然而这样的生活不能永远持续。学校这东西，是一个进入里边学习些什么，然后再走出去的地方。

清晨 5 点起床，晚上 10 点之前就寝，这样一种简素而规则的生活宣告开始。一日之中，身体机能最为活跃的时间因人而异，在我是清晨的几小时。在这段时间内集中精力完成重要的工作。随后的时间或是用于运动，或是处理杂务，打理那些不需要高度集中精力的工作。日暮时分便优哉游哉，不再继续工作，或是读书，或是听音乐，放松精神，尽量早点就寝。我大体依照这个模式度日，直至今天。拜其所赐，这 20 来年工作顺利，效率甚高。只不过照这种模式生活，所谓的夜生活几乎不复存在，与别人的交际往来无疑也受影响。还有人动怒光火。

只是我想，人生之中总有一个先后顺序，也就是如何依序安排时间和能量。年轻的时候姑且不论，到一定的年龄之前，如果不在心中制订好这样的规划，人生就会失去焦点，变得张弛失当。与和周遭的人们交往相比，我宁愿优先确立能专心致志创作小说的、稳定和谐的生活。我的人生中，最为重要的人际关系并不是同某些特定人物构筑的，而是与或多或少的读者构筑的。稳定我的生活基盘，创造出能集中精力执笔写作的环境，催生出高品质的作品　　哪怕只是一点点，这些才会为更多的读者所欢迎。读者的脸庞无法直接看到，与他们构筑的人际关系似是观念性的，然而我一仍旧贯，将这种肉眼看不见的“观念性”的关系，规定为最有意义的东西，从而度过自己的人生。

“人不可能做到八面玲珑、四方讨巧。”说白了，就是此意。

在开店时代，也是依据同样的方针行事。许许多多的客人到店里来，假如十个人当中有一个人说“这家店很好，很中我意，下次我还要来”，就已足够。十个客人当中只要有一个回头客，这店就能够维持下去，哪怕有九个人觉得不中意，也没太大关系。这么去思考，便轻松得多了。然而，要让那“一个人”确确实实地、百分之百地中意，经营者必须拥有明确的姿态和哲学，并以此作为自己的旗帜高高地举起，坚韧不拔地顶住狂风暴雨，坚持下去。这是我从开店的亲身体验中学到的。

《寻羊冒险记》之后，我便以这样一种心态写作小说。读者也随着作品的陆续发表而不断增多。最令我欣慰的是，我的作品有了很多热心的读者，亦即说那“十分之一”的回头客扎扎实实在增加。他们（多为年轻读者）耐心地等待着我的下一部作品，一旦作品问世便捧卷阅读。这种体系渐渐得以形成。而这对我来说是理想的状况。不必成为顶级跑者。能按心里想的样子写想写的东西，还能过着与众人一般的生活，我便没有任何不满。

开始跑步之后，有那么一段时间，我跑不了太长的时间，20 分钟，最多也就 30 分钟左右。我记得，就跑那么一点点，便气喘吁吁地几乎窒息，心脏狂跳不已，两腿颤颤巍巍。因为很长时间不曾做过像样的运动，本也无奈。然而坚持跑了一段时间后，身体积极地接受了跑步这事儿，与之相应，跑步的距离一点一点地延长，跑姿一类的东西也得以形成，呼吸节奏变得稳定，脉搏也稳定下来了。速度与距离姑且不问，我先做到坚持每天跑步，尽量不间断。

就这样，跑步如同一日三餐、睡眠、家务和工作一样，被组编进了生活。

不久，原来略呈增加趋势的体重逐渐趋于稳定。每天坚持运动，适合自己的体重自然而然确定下来。最易驱动身体的肌肉开始显现。随即，吃的食物也一点一点发生了变化，食物以蔬菜为主，蛋白质主要靠吃鱼摄取。我一直不太喜欢吃肉，这下愈发吃得少了。我尽量少吃米饭，减少酒量，使用天然材质的调味品。

已经说过，我是那种不予过问也会长胖的体质。我太太却不管吃多少，做不做运动，都不会变胖，连赘肉都不长。我常常寻思："人生真是不公平啊!"一些人很努力却不一定得到的东西，有些人无须努力便唾手可得。

不过细想起来，这种生来易于肥胖的体质，或许是一种幸运。比如说，我这种人为了不增加体重，每天得剧烈运动，留意饮食，有所节制。何等费劲的人生啊！然而倘使从不偷懒，坚持努力，代谢便可以维持在高水平，身体愈来愈健康强壮，老化恐怕也会减缓。什么都不做也不发胖的人，无须留意运动和饮食。这种体质的人，每每随着年龄增长而体力日渐衰退。不着意锻炼的话，自然而然，肌肉便会松弛，骨质便会疏松。什么才是公平，还得以长远的眼光观之，才能看明白。

这样的观点或许也适用于小说家的职业。天生才华横溢的小说家，哪怕什么都不做，或者不管做什么，都能自由自在写出小说来。就仿佛泉水从泉眼中汩汩涌出一般，文章自然喷涌而出，作品遂告完成，根本无须付出什么努力。这种人偶尔也有，遗憾的是，我并非这种类型。此言非自夸：任凭我如何在周遭苦苦寻觅，也不见泉眼的踪影。如果不手执钢凿孜孜不倦地凿开磐石，钻出深深的孔穴，就无法企及创作的水源。为了写小说，非得奴役肉体、耗费时间和劳力不可。打算写一部新作品，就必得重新一一凿出深深的孔穴来。然而，长年累月地坚持这种生活，久而久之，就技术和体力而言，我都能相当高效地找寻到新的水源；感觉一个水源变得匮乏时，也能果决而迅疾地移到下一个去。而习惯仅仅依赖一处自然水源的人，冷不丁地这么做，只怕轻易做不来。

人生基本是不公平的，此乃不刊之论。即便身处不公之地，我以为亦可希求某种“公平”。这也许得费时耗力，甚或费了时耗了力，却仍是枉然。这样的“公平”，是否值得刻意希求，当然要靠各人自己裁量了。

（摘自南海出版公司《当我谈跑步时，我谈些什么》一书）

林肯的鼻子

汪曾祺

我们到伊利诺伊州斯普林菲尔德市参观林肯故居。林肯居住过的房子正在修复。街道和几家邻居的住宅倒都已经修好了。街道上铺的是木板。几家邻居的房子也是木结构，样子差不多。一位穿了林肯时代服装（白洋布印黑色小碎花的膨起的长裙，同样颜色短袄，戴无指手套，手上还套一个线结的钱袋）的中年女士给我们作介绍。她的声音有点尖厉，话说得比较快，说得很多，滔滔不绝。也许林肯时代的妇女就是这样说话的。她说了一些与林肯无关的话，老是说她们姊妹的事。有一个林肯旧邻的后代也出来作了介绍。他也穿了林肯时代的服装，本色毛布的长过膝盖的外套，皮靴也是牛皮本色的，不上油，领口系了一条绿色的丝带。此人的话也很多，一边说，一边老是向右侧扬起脑袋。有点兴奋，又像有点愤世嫉俗。他说了一气，最后说："我是学过心理学的，我一看你的眼睛，就知道你说的是不是真话！——日安！"用一句北京话来说：这是哪儿跟哪儿呀？此人道罢日安，翩然而去，由印花布女士继续介绍。她最后说：“林肯是伟大的政治家，但在生活上是个无赖。”我真有点怀疑我的耳朵。

第二天上午，参观林肯墓，墓的地点很好，很空旷，墓前是一片草坪，往前是很多高大的树。

这天步兵一一四旅特地给“国际写作计划”的作家们表演了升旗仪式。两个穿了当年的蓝色薄呢制服的队长模样的军人在旗杆前等着。其中一个挎了红缎子的值星带，佩指挥刀。在军鼓和小号声中走来一队士兵，也都穿蓝呢子制服。所谓一队，其实只有七个人。前面两个，一个打着美国国旗，一个打着州旗。当中三个背着长枪。最后两个，一个打鼓，一个吹号。他们走得很有节拍，但是轻轻松松的。立定之后，向左转，架好长枪。喊口令的就是那个吹小号的，他的军帽后边露着雪白的头发，大概岁数不小了。口令声音很轻，并不大声怒喝。——中国军队大声喊口令，大概是受了日本或德国的影响。口令是要练的。我在昆明时，每天清晨听见第五军校的学生练口令，那么多人一同怒吼，真是惊天动地。一声“升旗”后，老兵自己吹了号，号音有点像中国的“三环号”。那两个队长举手敬礼，国旗和州旗升上去。一会儿工夫，仪式就完了，士兵列队走去，小号吹起来，吹的是《光荣光荣哈里鲁亚》。打鼓的这回不是打的鼓面，只是用两根鼓棒敲着鼓边。这个升旗仪式既不威武雄壮，也并不怎么庄严肃穆。说是形同儿戏，那倒也不是，只能说这是美国式的仪式，比较随便。

林肯墓是一座白花岗石的方塔形的建筑，墓前有林肯的立像。两侧各有一组内战英雄的群像：一组在举旗挺进；一组有扬蹄的战马。墓基前数步，石座上还有一个很大的铜铸的林肯的头像。

我觉得林肯墓是好看的，清清爽爽，干干净净。一位法国作家说他到过南京，看过中山陵，说林肯墓和中山陵不能相比——中山陵有气魄。我说：“不同的风格。”——“对，完全不同的风格！”他不知道林肯墓是“墓”，中山陵是“陵”呀。

我们到墓里看一圈。这里葬着林肯、林肯的夫人，还有他的三个儿子。正中还有一个林肯坐在椅子上的铜像。他的三个儿子都有一个铜像，但较小。林肯的儿子极像林肯。纪念林肯，同时纪念他的家属，这也是一种美国式的思想。——这里倒没有林肯的“亲密战友”的任何名字和形象。

走出墓道，看到好些人去摸林肯的鼻子——头像的鼻子。有带着孩子的，把孩子举起来，孩子就高高兴兴地去摸。林肯的头像外面原来是镀了一层黑颜色的，他的鼻子被摸得多了，露出里面的黄铜，锃亮锃亮的。为什么要去摸林肯的鼻子？我想原来只是因为林肯的鼻子很突出，后来就成了一种迷信，说是摸了会有好运气。好几位作家摸着林肯的鼻子照了相。他们叫我也照一张，我笑了笑，摇摇头。

归途中路过诗人艾德加·李·马斯特的故居。马斯特对林肯的一些观点是不同意的。我问接待我们的一位女士：马斯特究竟不同意林肯的哪些观点？她说她也不清楚，只知道他们关系不好。我说：“你们不管他们观点有什么分歧，都一样地纪念，是不是？”她说：“只要是对人类文化有过贡献的，我们都纪念，不管他们的关系好不好。”我说：“这大概就是美国的民主。”她说：“你说得很好。”我说：“我不赞成大家去摸林肯的鼻子。”她说：“我也不赞成！”

途中又经桑德堡故居。对桑德堡，中国的读者比较熟悉，他的短诗《雾》是传诵很广的。桑德堡写过长诗《林肯——在战争年代》。他是赞成林肯观点的。

回到住处，我想：摸林肯的鼻子，到底要不要得？最后的结论是：还是要得的。谁的鼻子都可以摸，林肯的鼻子也可以摸。没有一个人的鼻子是神圣的。林肯有一句名言：All men are created equal. 意为：所有的人生来都是平等的。我还想到，自由、平等、博爱，是不可分割的概念。自由，是以平等为前提的。在中国，现在，很需要倡导这种“created equal”的精神。

让我们平等地摸别人的鼻子，也让别人摸。

（摘自广西人民出版社《汪曾祺散文》一书）

《论语》与橄榄球

薛　涌

这学期，我开始给美国学生讲《论语》了。第一课从“学而”讲起，第二段就讲到了有子那段著名的话：“其为人也孝弟，而好犯上者，鲜矣；不好犯上，而好作乱者，未之有也。”大意是说：做人孝敬父母，尊重兄长，就很少会冒犯上面的权威。不冒犯上面的权威的人，则从来没有叛乱的。

给美国人讲这一套，开始并非没有顾虑。这是典型的君君臣臣父父子子那一套，美国人天性喜欢自由，喜欢挑战权威，怎么受得了这样的说教？不料，我命一个学生读英译，该学生读完，不住地点头称是。我问他是否同意有子的话，他回答：“当然，这是做人最基本的规矩。”

我马上问：“这一套教导和你们美国人的自由主义如何协调？”他回答：“自由当然重要，但是首先还得有规矩，有纪律，否则社会无法正常运转。有子的话，和学校里橄榄球队的规矩就特别像。”

这一下子把我的兴头调动了起来，《论语》课一下子变成了橄榄球课。美国的三大球中，棒球我不懂，对橄榄球和篮球却很喜欢。不过，这两种球，虽然都是集体项目，风格和文化却大异。篮球体现了城市贫民窟的孩子自由奔放的个性，橄榄球则体现严格的组织纪律性，全队有明确的统帅，步调一致，有如希腊的方阵，一般在郊外的学校里更流行。我这位学生说，有子所谓的孝弟，一是尊重父母，一是尊重兄长。这就好比在高中的橄榄球队中首先要尊重教练，其次要尊重高年级的前辈一样。一年级的学生也许球艺甚高，但是许多事情要服从四年级的老大哥。因为打橄榄球，上场人数多，讲究队形，离开了集体，再大的本事也难施展。而这种全队必须像一个人一样的集体精神，光有技术是不够的，需要前辈传授。

讲到这里，这个学生还特别提到美国的国家男篮，以之作为一个反面的典型。他说那些目空一切的球星，每个人都觉得自己是大爷，都要耍自己的威风。到了赛场上，永远是自我第一，球队第二。结果碰上组织严密的欧洲军团，就像个二流队。这一套，在橄榄球队里行不通。

当然，在美国的职业橄榄球队中，并非没有目空一切的人。有些年轻队员，因为自己球艺出众，就很张狂，说话没大没小。这种队员，只要不影响队里的集体战术，还是能被宽容的。但是，在球迷中则口碑甚坏。人们谈起这样的人，虽然承认他是个好队员，却并不尊重他，他的“粉丝”也不多。

我那个学生最后总结说：“橄榄球队就是美国社会的一个缩影。我爸爸是个公司的创建者和总裁，他创建这个公司时，就那么几个人，大家完全是团队运作，有时简直就是有集体无个人。你要是总想着我怎么样，就没有人和你合作了。如今干大了，当年创建公司的那帮人作为个人就浮现出来了：他们是元老，他们是父亲一样的人物，有特权挣得多，别人也就得听他们的。有子那套规矩，在公司里也得讲。大家守这规矩，企业才能发展。美国是讲个人，但是，没有集体，哪里有个人?”

这也是我反复强调的，中国人对美国文化的一个最大误解，就是觉得他们只讲个人。其实，从上学的第一天，孩子就会接受与别人合作、尊重别人的训练。而体育是培养他们这种团队精神的最好方式。

（摘自《杂文选刊》2006 年 11 月上）

“同一个世界，同一个梦想”有多遥远

边 芹

客居法国的我，每次看体育转播，都有“锤子”砸下的感觉，不知道“同一个世界，同一个梦想”还有多遥远。有一个问题摆在那里：我们可以包容世界，世界（西方）能否容纳我们？我是从一些事例看到这个问题的可能的结论的。不敢说是最后的结论，但至少让人心寒。但愿这只是我的“误解”……

转播中看不到中国人

2009 年罗马游泳世锦赛期间，我几乎每天都观看法国国家电视二台的直播。当然我也早有心理准备，如果一场比赛中国队占绝对优势，那么就别想在法国看到转播。像乒乓球、羽毛球世锦赛，不要说看转播，连体育新闻都不报，好像世界上不存在这两项运动。所以本届游泳世锦赛，跳水部分是被删掉的，一般法国民众可能因此以为罗马世锦赛只有游泳项目。如果只是因为法国在某些项目上弱，电视台不转播，我倒也能理解；问题是它还跟美、英、澳等国进一个“战壕”，中国人什么运动强，就封什么。

即使在他们的强势项目中，依然没有一点点大度。在所有的游泳比赛中尽量不给中国运动员画面。不得不给时——比如上场介绍时避不开，不能在一组参赛运动员中单单不让中国人露面——你仔细看，一是给中国人画面的时间最短；二是只给中景或远景，不给特写；三是挑不好的角度。凡中国队取得金牌，不得不照惯例给一个特写时，在欧美运动员脸上可以停很久的镜头，对中国人则转瞬即逝，如果观者眼睛不盯着，马上就错过了。

一旦错过，你就无法获悉金牌花落谁家，因为他们连“新闻回顾”时都有意绕开，这叫“后消除法”。这种手法你若追究，他可以狡辩：“我没有封锁新闻。”但这样暗做手脚，且一以贯之，绝无例外，就是一种极其有效的新闻封锁，让你存而不在。赛后，我连问了好几个法国人，无一人知道中国队拿过金牌。对金牌尚且如此，得银牌、铜牌的中国人就更不用说了，他们根本就不存在，银牌、铜牌得主只要是中国人，观众不仔细去查该赛排行榜，就不知道第二、第三名被什么人得了。

恶意点评中国

再就是主持人，如果法国队在争奖牌，他们会叫得惊天动地；如果是美国人冲向终点，他们也会叫得声嘶力竭，世界霸主嘛！轮到中国人率先冲向终点时，音频则降到了最低点，时常到最后几秒是沉默。如果看到中国运动员胜得无可争议、遥遥领先，就酸酸地开始翻旧账了。比如女子 4×100 米接力中国队战胜美国队后，主持人就开始暗示，说多少年前中国女队也得过此项冠军，但是服用了兴奋剂。我想象力再丰富，也无法预料其肚里的水这么浅！

再说奖牌数。在 2008 年北京奥运会期间，法国电视台在一开始转播中每天挂奖牌榜，后来中国的金牌数超过美国时，奖牌榜就被撤掉了。这不是自己玩不过就不玩了，而是美国玩不过中国，法国体育迷们就连知情权都被剥夺了，他们不知道谁拿的金牌最多，甚至连奖牌在全球的分布状况也无权知晓。也是从中国奖牌大增那一天起，媒体开始朝与原来相反的方向引导舆论。

在每天的奥运直播中都有一段点评，由对中国怀有极端恶意的电视明星加尔利耶主持，这个节目实际是给体育节目定政治调子，不让体育越过“政治不正确”的红线。如开幕式很好看，加尔利耶就出来“消毒”，说那么漂亮是虚假的；如中国运动员表现出色，加尔利耶又出来敲打敲打被迷住的观众，说那都是不人道的“冠军工厂”炮制出来的，好像法、美顶尖运动员不是靠吃苦练就的；中国金牌多了，加尔利耶就又出来做反向引导，说体育比赛重在参与，奖牌不重要，为此还有意为放弃比赛、令法国观众大失所望的游泳女将马努杜唱赞歌，说在“逃兵”的失败中看到了美，那三寸不烂之舌，可以大讲歪理，硬是把得金牌说成了一件坏事。最后，法国媒体连暗搞都放弃了，直接撒谎说，美国第一，德国第二。堂堂国家电视台！

等到柏林田径赛，中国只得了一枚金牌，法国媒体嘴上的封条就撕掉了。主持人在中国女子马拉松取得金牌后，讥讽说：“中国在奥运会拿那么多，这回才拿了一枚。”法国民众到这时方得知中国在奥运会拿了很多金牌，可惜是体育记者为了挖苦中国人才漏出来的。在这里搞的又是模糊细节、偷换概念的游戏，中国的奥运金牌并不是靠田径得来的，把两件不可比的事情进行比较，目的不是知会民众，而是抓住任何机会甚至不惜变相骗人，误导法国民众。

看到这一切我还能总结出什么别的逻辑吗？只得一枚金牌时，法国人就有权知道确切数字了；拿了十枚，真实数字就消失了；等到金牌数超过美国，则奖牌榜整个被抹去了，这时候人们听到了从未在西方听过的“理念”——比赛是为了“交流”！

影像中的“消毒”

再回头看 2008 年奥运会前发生的那些“离奇”事，大概就不再需要解释了。巴黎火炬受阻已有很多报道，我在此省略。媒体怎么对待火炬剩下的传递，我说出来，中国人大概都难以相信。伦敦、巴黎、旧金山这三处筹划好的“百慕大三角”过去之后，法国媒体几乎成了一座“灾难守望塔”，没有别的任务，就是盼火炬再“出事”。那种不加掩饰的幸灾乐祸，简直就像小孩盼望鞭炮爆炸或水漫车翻一样可笑。最先寄望于阿根廷，然后又把希望挪到日本、印度、澳大利亚，估计什么地方会闹，就把特派记者早早送去等着。直到火炬传入东南亚，知道没戏了，火炬便在法国媒体上消失了。

“藏独”、阻挠火炬、呼吁抵制均未成功，接下来便打环境污染牌，这几乎是所有恶搞的最后杀手锏，因为它最时髦、最道德、最受普遍认同。奥运会开幕前一个多月，法国媒体特派北京的记者就像身负使命的“特工”，钻到北京甚至京郊最肮脏的角落（真要找巴黎难道没有吗？不往远去，市中心圣米歇尔地铁站楼梯上的尿迹和臭味难道还少吗），或者找最穷的人，要不就是最激烈的异议人士，或挑最阴云密布的一天，连篇累牍地报道北京空气怎么坏、城市怎么丑陋、百姓怎么穷、筹办怎么虚假……目的也很明确：一、让法国公众对如此重要的体育盛会事先产生厌恶感，进而失去兴趣，法国国家足球队教练甚至在《世界报》上呼吁民众连电视转播都不要看；二、铺天盖地地洒“消毒水”，避免开幕后任何正面的东西反渗过来；三、不用公开号召，暗地恐吓百姓，让其望而却步，使北京的宾馆饭店赚不到钱，这叫正面进攻不成，从后面进攻。

开幕式绕不过，但他们准备了“消毒”工具。电视二台主持人比拉利安那晚的任务傻瓜都能看明白，简直就是“政治辅导员”。他时不时地敲打观众别光顾了好看而忘了那是在什么国家。就好比假如奥运会在美国举办，开幕式两个多小时的直播中，中国主持人时刻不忘提醒观众：“别忘了小布什发动了对伊拉克的入侵或关塔那摩还关着囚犯”，又或“别看黑人运动员这么风光，美国监狱里可多半关的是黑人……”人们又会作何感想。那晚的解说之过分，让不少想好好欣赏表演的观众实在受不了，往电视二台的网页上发帖：住嘴吧，比拉利安！坐在主持人边上的是一位华裔老先生，他的角色是解释表演的文化内涵，虽然插话机会不多，但他也忍不住为中国辩了几句。事后他私下对我们说：“我与他（主持人）结识多年，但有什么用，他在下面又踢又掐不让我说！”

尽管做了一切“消毒”工作，但也许开幕式和闭幕式太好看，挡不住百姓喜爱，若再“开放”下去，便有“危险”，因此到了残奥会，干脆开幕式、闭幕式都不转播，而其实转播权是一并购买的。很多法国残疾人都没有料到，开幕式那天他们等在电视前，不少人以为自己弄错了时间。那天专业体育台都一片沉默。有聪明者绕到西班牙台、英国台才看到开幕式。其后每天的比赛转播缩减到不足10分钟，如果没有法国残疾运动员在那边，恐怕整个运动会就不存在了。这次“新闻封锁”在民间引起了不满，因为损害了残疾人的利益，对残疾运动员也不公平，如果不是损害到自己人的利益，只对中国人不公，无论是何种“封锁”，民间其实都是普遍接受的。

政权与媒体在残奥会转播问题上是不是串通好的？永远不会水落石出。人们只能从一个事实推测：转播的台是国家电视台，国家电视台的总裁由“视听传媒最高委员会”任命，而该委员会的负责人由政府任命，这圈绕的！有一北非裔女残疾运动员夺了金牌，面对镜头说，媒体冷落。电视台马上封她，请来另一位坐轮椅的金牌得主。此人深解媒体要听什么，不光配合媒体数落主办国（中国人为各国残疾运动员做了多少好事，有点良心的都不该这么做），还解释说，批评法国电视台的女运动员说那种话是“得金后头脑发热”。法国游泳冠军贝尔纳也是这种“识时务”的人，知道要上电视必须配合，而经常上电视就意味着广告和财源。他从鸟巢返回的次日，便在晚间新闻中表示，自己很想为“藏独”效力，但一时缺乏“勇气”。自这番“勇敢表态”后，他就成了传媒宠儿。

北京奥运经过培训挑出的颁奖员，在法国的转播中几乎看不到。每次颁奖，画面有时切割到失衡的程度，就是为了不让中国颁奖美女与得奖运动员在同一画面里出现，如果因为某种角度实在切不掉，就把镜头拉远，让人看不清她们，因为特写画面穿透力是很大的，尤其是好看的形象。我花了好多年才证实法国电影界也是朝这个方向努力的，凡法国电影里的华人形象，必是呆或丑、动作可笑的。我起先以为找不到面孔周正一点的，毕竟华人在这里人数不算太多，后来看到电影圈放进一越南裔美女，才证实对华人是故意找丑的，而且专找有几分"卑琐"相的。这些"画面阴谋家"从一百年前电影出现的那天起，就开始琢磨影像的操纵和诈骗，精巧地操纵画面，足以将现实的力量打垮，足以抹去真实、篡改历史，虚构出另一种可以随他们摆布的世界秩序。

法国民众不知道北京奥运会的吉祥物是什么样儿，"福娃"和奥运口号"同一个世界，同一个梦想"就没有在法国媒体上出现过一次，连体现奥运精神的这样一句话都容纳不了，雨果的故乡今天到底是怎么了？

（摘自《新民周刊》2009 年第 37 期）

我要上学

何明星　马　燕

2012 年莫言获得诺贝尔文学奖后，一位西方读者想买一本莫言的书看，因为不太清楚具体书名，就按照作者名字在亚马逊网站搜索。花 15.99 美元买回来一看，作者却不是莫言，而是中国宁夏一个叫马燕的小姑娘。这也难怪，英语世界里把马燕（MaYan）当成莫言（MoYan）的人一定不少。这个读者没有大发雷霆，读完书后反而十分高兴，认为自己犯了一个“幸运的错误”。

马燕生活在宁夏西海固，从小学四年级起就坚持不懈地写日记，将自己对上学的渴望、对辍学的担心都写到了日记中。

家里供不起马燕和两个弟弟上学，妈妈要她退学。为了打动母亲，她把日记和一封“我要上学”的信塞给妈妈，让弟弟读给不识字的妈妈听。当听到“妈妈，如果我上不了学，我的眼泪一辈子都流不干”时，母亲白菊花终于决定借钱让女儿上学。

就在这时，马燕的命运出现了转机。法国《解放报》驻中国记者彼埃尔·阿斯基（中文名韩石）等人来到了小山村。白菊花将女儿的信和日记交到了他们手里，彼埃尔被马燕稚嫩的文字震撼了。2002 年 1 月 14 日，《解放报》以两个整版发表了他撰写的《我要上学》的长篇通讯。马燕的故事一经刊出，立即引起法国民众的关注。

一年后，定价为 20.5 欧元的法文版《马燕日记》在巴黎出版。在一贯以批评和谴责态度对待中国的西方主流媒体笔下，《马燕日记》是少有的获得正面评价的图书之一。西方读者和主流媒体对马燕这个中国女孩子积极向上的精神的阐发，远远超过了对书中中国西北地区贫穷生活的关注。中国人对“知识改变命运”这一信念的坚守，对于西方优越物质生活环境中的青少年具有生动的教育意义。

名为 Becky 的读者 2005 年 8 月 8 日在亚马逊网站留言：“这是令人难以置信和令人难忘的一本书……马燕是一个女孩子，她知道接受教育、学习知识是摆脱贫穷生活的唯一出路，因此坚持与各种困难做斗争。马燕最后成功了，她的精神令人鼓舞。”

美国加州一位名为 Ouazz & Blapp 的读者留言：“这本令人揪心的日记充满了勇气和决心，是所有具有梦想的女孩子都应该阅读的。”

加拿大佛蒙特的 Dale Blanchard 留言：“我怎么能不喜欢这本书呢？这个 13 岁的女孩让我流下了眼泪，她是如此坚定、顽强，决心要取得成功……我记不得还有哪本书让我如此感动了。人们能不能在这种贫穷和困苦中坚持下去？马燕不仅做到了，还让更多的人受益。”

彼埃尔·阿斯基利用捐款成立了“阿斯基—马燕基金会”，马燕也捐出了 2/3 的稿酬用来资助预旺乡的孩子。到目前为止，这笔钱已经使 63 个孩子重新回到了校园，其中大部分是女生。马燕本人也在基金会的帮助下，飞往法国巴黎，目前就读于巴黎索邦大学。

《马燕日记》选读

2000 年 5 月 2 日

这回我们放了一周假，妈妈对我说，孩子，妈妈想对你说一件事。我就说，妈妈，有什么事你就说出来吧！别憋在心里，憋在心里会难受的。妈妈说，这怕是你最后一次上学了。我睁大眼睛望着妈妈——你怎么会说出这样的话来呢？现在没有知识是不行的。农民种田都要有知识，没有知识，种下的粮食是没有收获的。妈妈接着说，你们姐弟三个上学，你爸爸一个人在外地打工，是顾不过来的啊！妈妈，你这么一说，看来我是必须回家了。妈妈说，是啊！那我两个弟弟呢？妈妈就说，你两个弟弟还必须念书。我就问妈妈，为什么男孩能念书，女孩就不能念书呢？妈妈就说，你还小，不懂这些，等你长大了就会明白。

今年我上不起学了，我回来种田，供养弟弟上学。我一想起校园的欢笑声，就像在学校里读书一样。我多么想读书啊！可是我家没钱。

我想上学。妈妈，我不想回家。我想一直待在校园里！

2001 年 9 月 9 日　星期日　阴

今天下午奶奶到我们家来了，就像是妈妈回来了一样，我给奶奶端了一盘西瓜，放在桌子上，又给她拿来毛巾铺在桌上。我就趴在桌子上写日记。奶奶说："看你写得那样认真，我不知道你在写什么。唉，我们这一辈子是白活着了。"我说："奶奶你不要这样想，我读给你听。"我读着读着，奶奶就流下了眼泪，她说："我们老一辈没有本事，让你们都跟着受苦了。"我说："奶奶，你别这样说，是你们让我有了今天，如果没有你们，我也不会懂得这些做人的道理。"这时，我就想起了妈妈说过的一句话："不管再苦再累，我也要供你们上学，叫你们成才，再不要像我们这样一辈子白活下去。"我一定要让妈妈看清楚我是怎样的一种人。

2001年9月10日　星期一　晴

今天是集，我又要到那我不能离开的校园去了。刚从车上下来，那个司机要钱，可是我没钱，我就对他说，下次吧！我今天身上没带钱。他不肯，我就把身上的钢笔掏出来给他，他却不要，说，下次吧！一进学校大门，我的泪就不由得往下流，不知这是为什么，也许是我想念妈妈吧！不知她在山里怎样生活，山里的苦处，我是知道的，因为我亲自体验过，到了困难处或者苦处我就想起了妈妈。我对司机说的那句话是假的，老师说过做一个学生就不应该说谎，要诚实，可是这没有办法啊！我问爸爸要过钱，爸爸说，家里没有钱，家里的处境你是知道的。我就再没要，又怕爸爸发火。如果我把这些话说给司机，他会笑话我的，更会笑话爸爸。他会说，你爸爸没本事，孩子连车费都付不起，还做个什么爸爸。爸爸已经尽力了，我不希望别人在我面前说我爸爸的坏话，所以我只能说谎了，请叔叔阿姨原谅。

2001年12月4日　星期二　小雪

雪花纷飞，我又想起久别的故乡。下午的第二节课是历史课。老师上课，我在窗户边坐着，头一转看到飘扬在空中的雪花。看着在天空中自由飞翔的雪花大片大片往下落的时候，我又想起小时候经历过的事情。那是一个严冬的早晨，下着鹅毛般的大雪，父母都不在家，你们知道他们到哪儿去了吗？他们去很远的地方拾发菜了。妈妈的病，就是在那个严冬下着一场雪时发作的。记得那一场雪非常大，是我有生以来见到的最大的一场雪。雪停了，风也停了，我们姐弟三个和我七十岁的老奶奶就去背雪，把一个井都填满了。这一冬，我们没有缺水喝。每当周六回去的时候，妈妈叫我背驴粪，我背不动，妈妈就提起那件事。那时那么小，那么坚强，可现在变得软弱无能，你说现在我该怎么办呢？每当妈妈提起这件事，我就想起那一年严冬的冷，不知爸爸妈妈是怎样扛过来的，我是怎样把一块块雪背到井里的。现在已记不清了，但愿，我现在比那时更坚强。

2003年3月29日　星期六　晴

今天在回家的路上，听见几位小朋友在说他们走过最远的地方就是同心，这使我情不自禁想到了自己。以前，我走过最远的地方就是我们村，一天就能看到巴掌大的一块天，也不知外面的世界是怎样的。自从叔叔阿姨资助我以后，为了给妈妈看病，我去了银川。刚走进银川时，我满心的愉快，这是我有生以来走过的最漫长的路程，见过的最大的城市。繁华的城市、美丽的校园、高速公路上穿梭的车流、平地而起的高楼大厦，与我近在咫尺。这是我见过的最美丽、最繁华的城市了。也许还有更多、更大的城市在等待着我们。

2003年4月6日　星期日　阴

忙了一早晨的我，还没忙出个头尾，但最忙的还是我的妈妈，不是蒸馍就是切菜，不是切菜就是做饭。我打心眼里感激她。妈妈为了我，不知吃了多少苦，受了多少累。她到最后支撑不下去的时候，依然为我打开学习的大门。在五年级将要决定我命运的时候，妈妈仍保持冷静。她没有说："我没钱了，就把你撤回来，供弟弟上学。"她依然说："我会供你，走一步算一步，我不会叫你像我一样的。"可能就是这句话感动了上天，使有金子般心的叔叔阿姨伸出了援助之手，帮助了我。妈妈常说他们是天使，是咱们的救命恩人。是啊！是叔叔阿姨给了我希望，给了我理想，给了我远大的前程。上学的问题解决了，以后就剩下自己的人生道路了。

2004年2月16日　星期一

我的人生是美好的，是幸运的，但同时我也是可怜的，是无奈的。妈妈为了我不知吃了多少苦，受了多少累、多少委屈。以前，她为了我能上学东奔西跑，现在，为了我的前途而东奔西跑。家里来来往往的人很多，她三天三夜没合眼，她付出了一切。她更多的是希望能说自己女儿的事，让世界各国的好心人帮助更多贫困山区的孩子，让他们学到知识，让祖国明天更加美好。用妈妈的话说：

“独花开放不算春，万紫千红才算春。”这就是妈妈的理想、妈妈的心愿。

哎呀，在北京的那几天里，我是真的累坏了，没日没夜地工作。白天签名售书、接受记者访谈，夜晚赶车，整夜在火车上度过。不过，我的累只是身体上的累，而不是心理上的累。很多人问，你现在状况不同、身份不同，起码是一个小名人了，你感到累不累，有没有压力？我很乐观地告诉他们，多多少少有些，但更多的是前进的动力。我不喜欢别人叫我名人，更不希望自己成为名人，我只是预旺中学初三一班的一名普普通通的中学生。

（摘自江苏文艺出版社《马燕日记》一书）

分享原则

韦业宁

分享作为一种分配原则，与平等文化、契约精神一样，是我们传统文化中的稀缺元素。在古代中国，无论是平均主义的分配理想，还是温良恭俭让的私人美德，都产生于专制集权，其核心也还是专制集权，与现代的分享原则相去甚远。

中国人传统的分配理想是平均主义，孔夫子说：不患寡而患不均。不患寡，就难以建立财富积累的意识和机制，人们不去创造出越来越丰富的财富，就谈不上分享。滋生平均主义的最好土壤是贫穷，但历史告诉我们，平均主义的本质不是贫穷，而是欺骗。

直到有一天，邓小平说“让一部分人先富起来”“发展才是硬道理”，大多数中国人才算突破了孔夫子那句话所概括的社会原始生态。在此之前，中国人只能以孔融让梨式的美德，来超越“不患寡而患不均”意识。

我们小时候都听过孔融让梨的故事，这是正统的幼学必修课。这一课的关键词是“让”而不是“分”，它追求的是短缺经济中的个人美德，它太超脱了，以至于缺少现实意义。几岁的孔融不会想到分享、契约和平等，更谈不上关于公平和效率的思考。

美国人不晓得孔融，但他们知道姚明。姚明登陆NBA时，中国的利益相关方忙着要分一杯羹，而休斯敦人高喊口号“让我们一起开创大场面”——这话虽简单，却深得西方商业社会的真味。在他们看来，首先要患寡，所以把蛋糕做大才是硬道理。蛋糕做大之后呢？是分享。

分享的第一要义是分享发展；第二，分享依据契约，而非等级；第三，平等而非平均，是分享的前提。关于后两点有一个有趣的例子：据说古罗马两个士兵分一个饼，由一个人来切，由另一个人先挑。在这里，分享是通过契约（规则）来安排实现的，并且体现了公平和效率。而这种契约关系得以建立的前提，是人与人的平等。

对于今日的企业员工而言，“分享”要远远比两个罗马士兵分饼复杂得多，但万变不离其宗：一、企业的成长和发展带来分享；二、付出劳作，获得报酬与奖励，是员工与企业之间的契约；三、分享的深意在于平等：在市场环境中，按照贡献的多少，分享收获与未来，创造健康丰盛的人生。

组织之所以成为组织，最关键的指标，一是凝聚力，二是可持续性。“绝对平均主义”造就的组织缺少凝聚力，也没有持续的活力。“让梨”式的美德可以换回一时的凝聚力，却也缺乏可持续性。分享的原则满足了凝聚力与可持续性的要求，建立在此原则之上的企业，才有可能是一个有生命力的企业。

分享并不仅仅是企业和员工之间的话题。任何人群，要建立凝聚力和可持续性，分享都是必要的原则。对于一家企业而言，除了员工，这些人群还包括：参与分享产品价值的客户，参与分享回报的股东，参与分享成长的合作伙伴以及参与分享未来的所有人。

（摘自《万科》2007年第9期）

尊重他人的脆弱

王开林

物性脆弱，不难认知。相比于石头，鸡蛋是脆弱的；相比于炸弹，石头是脆弱的；相比于时间，炸弹是脆弱的。无论从哪个起点开始，唯有时间处于终点，绝对强大，连死神都无可奈何，只能退避三舍。

人类早已习惯于敬佩坚强，殊不知，坚强只是表象。钻石够坚强了吧，但在“飞秒激光”面前，它脆弱得如同初生的婴儿。

数年前，一位朋友不幸罹患鼻咽癌，在肿瘤病医院接受治疗。我对他的病情很担忧，他却反过来安慰我：“鼻咽癌就相当于癌症中的小感冒，你瞧我这身板儿，它可吓不倒我！”乐观当然好，也有必要，但这场战役不可能轻松，他的胜算顶多只有五成。癌细胞是一群冷血杀手，化疗和药物都没能阻遏住它们的脚步。半年后，癌细胞已经转移到他身体的其他部位，医生的结论出来了，他顶多还能活半年。从那时开始，他彻底放弃了住院治疗，带着药物，搬到一个偏僻的山村去居住，那里空气新鲜，泉水纯净，果蔬环保，只有妻子陪伴他。

这时，他面色灰暗，身体枯瘦，目光中的热力渐渐消失。他在期盼奇迹出现吗？并非如此。他在反思自己的人生。他告诉妻子，以往，他处处好强，事事好胜，从不示弱，现在才明白，比自己强悍的人和物太多了，那些只有在显微镜下才能看得见的癌细胞，都能轻易地打败他，击垮他，使他变得如此乏力和无助，何况世间还有许多显在或潜在的东西比癌细胞更为强悍。

情绪低落的时候，他读到一位远方癌友撰写的博文，其中讲述了一个令人振奋的故事：一对英国夫妇韦德和安妮双双遭遇癌魔，已被医生判定不久于人世，于是他们列出死前要干的五十件事情，以倒计时的紧迫感去做好它们，但求人生无憾。他们有一个共同的心愿，那就是环游世界。于是他们拿出家中的全部积蓄四万英镑，与旅行社签约：只要两人中有一位离开人世，旅行合同即自行终止，否则他们可以继续旅行。旅行社很慎重，派人调查了韦德和安妮的病况，得悉他们是癌症晚期病人，生命顶多还能维持一个月时间，四万英镑则足以支付两人环游世界半年的费用，这笔生意包赚不赔。

2003 年 5 月 7 日，韦德夫妇乘坐豪华游轮，从利物浦出发。此后一年多，主治医生威斯里未收到韦德夫妇的音讯，估计他俩早已不在人世。2004 年 11 月 7 日，威斯里突然接到韦德的电话，得知这对夫妇刚刚回到利物浦，他们本可以按照合同继续航程，却不忍心让旅行社吃亏太大。韦德还以异常兴奋的声音告诉威斯里，他们在英国最权威的伦敦皇家医院做了检查，他与安妮的癌细胞已在体内全部消失。威斯里觉得不可思议，当初的诊断是无误的，变数难道发生在旅途中？

数日后他们见了面，威斯里详细询问韦德夫妇旅途中的身体状况。他们告诉他，因为贪恋沿途的美景，所以根本无暇顾影自怜。在北冰洋漂浮的冰川中，在极地不落的太阳下，在复活节岛耸立的石像前，他们只感到美妙和沉醉，那一刻仿佛可以永生。等到了夏威夷海滩边，他们惊喜地察觉到体内的痛苦已悄然消失，精力则日益旺盛。这次环游世界的“告别之旅”无疑是超值的。威斯里医生认识到，奇迹必有其发生的条件，那就是对个体生命的珍惜和享受，对大自然美景的欣赏和体验，这样他们的身心在持续不断的愉悦和满足中获得了自愈的能力，从而击退癌魔，重获新生。

这位好友读完韦德夫妇抗癌成功的故事后，感到前所未有的精神振奋，立刻与妻子商量，效仿韦德夫妇，乘坐豪华客轮踏上环游世界之旅。为此，他们做了充分的思想准备。可就在出行前两天，一次剧痛的“地毯式轰炸”，使他颓然放弃了整个计划。两个月后，他与世长辞。

你也许会轻下结论：他太脆弱了，临战怯阵。但我尊重他的脆弱，尊重人的个体差异。尊重比同情更强，也更正确。有了尊重，才会有体恤，其立足点不在高处，而在平等的位置。许多时候，常人的性格和意志力都是脆弱的，活着，不能取法乎上，知而不能行，行而不能远，很难战胜比病魔更难战胜的心魔。这也许就是混沌逻辑：因为脆弱，所以脆弱。但有一点是明确无误的，如果我们不尊重他人的脆弱，就等于不尊重自己。

（摘自《渤海早报》2014 年 3 月 14 日）

心灵的空间

蒋 勋

我曾经帮朋友代课，带大学舞蹈系先修班的孩子，他们大概都是大一的程度。因为要代 3 个星期的课，我很想认识他们，所以请他们画自画像，然后准备两分钟的自我介绍。他们不是美术系的学生，当然自画像画得不是很好，我的目的也不是要他们画得好，只是希望他们可以在镜子里看看自己。课后，好多学生告诉我，这是他第一次透过镜子好好地看自己。

如果一个人从来没有好好地在镜子里看过自己，他对自己是非常陌生的，而这是多么危险的一件事。

1998 年的林口弑亲案，一个 19 岁的孩子和同伴联手杀害熟睡中的双亲，后来母亲醒来，向他们求饶，他的同伴不敢下手，因为同伴常常去他家，妈妈对他们很好，最后是这个孩子动手。

我想，他从来没有在镜子里面对自己吧！他自己的美或丑、他自己的残酷或温柔，他都不了解。所以当他做出这样的事时，可以无动于衷。

人真的应该常常在镜子中面对自己，思考自己的可能性。

当我在课堂上请学生做这个作业的时候，几乎有一半的学生最后都哭了。我才发现他们内在有一个这么寂寞的自己，是他们不敢面对的。

原本限定两分钟的自我介绍，最后我们都停不下来。过程中有人跑上台，拿卫生纸给说到伤心处的同学，我问他："你觉得你的同学，这时候只需要卫生纸吗?"他懂了我的意思，就坐在朋友旁边，听他把话讲完。

还有一些学生完全不肯讲，上台以后，只看到泪水在眼眶里打转，一句话也不说。我当时也没有强迫他们讲。到了第三个礼拜，我私下和这一批学生吃饭，因为我不能让他们的话不讲出来，最后他们说了，我才知道这些不说话的孩子有这么多的问题。他们的父母听过这些话吗？没有。老师听过这些话吗？没有。在升学体制中，没有人给他们这样的管道。

学校的辅导室是空设的。你说这些学生，会无端地跑到辅导室去做心灵的告解吗？挂一个辅导的牌子有什么用？要真正去发现他们，用艺术的方法引导他们，把他们内心的东西引出来才有意义。因为这些说不出口的话，积压到一定的程度，会出事情的，这令我非常担忧。

所以我们提到价值观，重点不在于年轻人的价值观，而是整个社会的价值观。

当社会的整体价值观是"唯利是图"，年轻人的价值观也只会有一个字：利。

以电视节目来说，媒体关心的是有没有广告，这就会让孩子模仿到一切东西都是可以用"买卖"作为价值判断。社会在制造商品，人也变成商品，在商品化、消费化的鼓励中，就会产生对于戕害生命无动于衷的结局。

如果要检讨的话，就应该是做整体的、全盘的检讨，而不是在个体行为上。因为一个唯利是图的社会，每一个人都会在物化自己与他人的过程中成为受害者。

当我让孩子画了自画像，听他们讲述自己的故事而痛哭流涕的时候，我真的觉得这是一份救人的工作。你没有办法想象他们内心里会有这么多的事情，这么严重，因为他们讲出来了，因为他们哭了，他不会走错路。

很多父母与教师真的忽略了一件事，他们所教育的对象不是一个物品，是一个人。你的任何举动，都可能对孩子的一生产生极大的影响。你的一点点关心，也会改变孩子的一生。就像那次自画像的活动结束后，学生们抱头痛哭，我走过去揉揉他们的肩膀，我相信他们会感受到。

我不知道为什么我们的社会会忙成这样子，没有时间停下来倾听孩子的心事，没有时间揉揉孩子的肩膀。我们冲得太快，没有办法一下子刹车，但可以慢慢地、一点一滴地去做，让物质的东西少一点，让心灵的空间大一点。

（摘自广西师范大学出版社《生活十讲》一书）

在任何一种生活里都能找到幸福

金　星

做母亲时我是个最平常的女人，我对孩子们的期望也只是他们能够像平常人家的孩子一样，快乐、健康，以后能为自己的人生作出选择。虽然他们的妈妈有点特殊，但我希望他们在成长的过程中就能学会用平常心看待世界，能与人真诚交流，从最普通的生活里看到最真实的美好。

我经常在与普通人的交流中得到快乐。我不会用我的光环罩着你，你也不用迎合我。所以我跟骑三轮车的大爷、看门的保安、打扫卫生的阿姨关系都很好。每次带着孩子碰见他们，我总会热情地打招呼，孩子们看在眼里，就知道该怎么尊重别人。

搬家之前，我特别喜欢逛家附近的一间小店，里面卖的都是一两百元的花裙子。由于常买常穿，和老板娘也熟了，拉拉家常，讨价还价，最后开开心心地做成了买卖。如果孩子们在身边，他们会看到这就是真实的生活。妈妈虽然也会去旗舰店买名牌衣服，用来出席一些重要场合，但生活里更常去的是这样的街边小店，你来我往，买卖间更有人情在。

陕西南路路口，晚上经常会有一对安徽小夫妻，他们摆着一个炒米粉小摊，过去我们是那里的常客，他们做的东西既干净又好吃。认识他们有六七年了，他们刚有孩子的时候，我就把我们家老三的衣服全打包送给他们。我说："别嫌弃啊，都是些穿不了的，扔了怪可惜的。"他们接过衣服，特别感激。但从不见他们四处说和我很熟，也不会因此不收我们吃米粉的钱，该怎样还是怎样，大家心里都特别踏实。许久不见了，他们会关心一下我最近是不是太忙，让我别太累。有一年新年，我把小两口请到我们家的院子里来，那晚所有的客人都吃上了他们做的炒面、炒饭、馄饨，客人们都说好吃。我看着这小两口，到上海谋生，从没孩子到有孩子，一直本本分分地生活，这成为我在上海最重要的记忆和风景。我经常带着孩子们去那里，就算现在搬家后离得远些，每个月也会特地跑过去吃点东西。人与人之间这种真实平等的关系真美，我想让孩子们从小就能理解这种美。

有一天，我在录节目，收到老公的短信："我跟你讲个故事。"那天老公带着嘟嘟去一个弄堂里修大衣拉链，一对 80 多岁的老夫妻在那里摆摊，老太太给老头儿打下手，那老头很娴熟地就把拉链修好了。老两口的生活极其简朴，却充满对生活的热情，还带着一辈子的手艺在继续为别人服务，这个画面把嘟嘟感动坏了。在回家的路上，他一直跟他爸爸念叨："那对老夫妻太幸福了，爸爸，你看到了吗，他们真是太幸福了！"这种幸福感染了我儿子，也感染了我老公，他们急着要和我分享这种幸福。

我有能力的时候，会尽力给孩子们创造一个优越的成长环境。但世事无常，我不能保证这样的物质基础会一直存在。如果有一天，我突然住不起大房子，也没有那么多人认识我了，我就想让孩子们明白，就算回到一个最普通的生活层面，我们一样可以过得很好。他们已经在别的地方看到了那种最平常的幸福，不是住在高楼大厦里，不是西装革履，而是在最简单的生活和最丰富的心灵里。

这个世界上有很多种生活方式，命运将你推向任何一种层面都别奇怪，别怨天尤人，它并没有剥夺你幸福的权利，在任何一种生活里，我们都能找到属于自己的幸福。

（摘自《广州日报》2015 年 7 月 10 日）

把生活变成诗歌

朱成玉

记得小时候，一个夏天的夜晚，有一只飞虫飞进了我的耳朵眼儿里。我慌张地使劲扒拉耳朵，可是那只顽皮的小飞虫死活不肯出来。我急得哭了起来。

奶奶取出一滴清油，她说，往耳朵眼儿里滴几滴清油，就可以把飞虫的翅膀粘住，然后憋死它。

母亲却让我站起来，把耳朵对着明亮的灯泡，像变魔术一样附在我的耳朵边喃喃低语：虫儿虫儿快出来，给你光亮让你玩……果然，不一会儿，虫儿就慢慢爬了出来，围着灯泡快乐地旋转起来。母亲说，虫儿最喜欢的是亮光，哪里有亮光，它就会朝哪里飞。

对于两种不同的方法，诗人解释道：前者是生活，而后者就是诗歌。

奶奶去世的时候，我又伤心又害怕。一个疼爱我的人永远地走了，再也不回来，蓦然间令我感觉到生命的黑暗。父亲开导我，他摸着我的头说，奶奶出远门了，那个方向是通往天堂的，上帝正在花园里召唤她呢，因为上帝喜欢她。我知道奶奶是个很虔诚的基督徒，这样的解释让我的心锁顿时打开。父亲把我的悲伤改编成了童话。

从此我微笑着生活，我知道奶奶希望我这样。无论走到哪里，我都会给自己，也给别人以微笑，把手中的爱尽力播撒到世间的每一个角落。

一个小学三年级的学生，在作文中说他将来的志愿是当小丑。一个老师批之为：胸无大志，孺子不可教也！另一个老师祝愿道：愿你把欢笑带给全世界！

有一次到日本伊豆半岛旅游，路况很差，到处坑坑洼洼。其中一位导游连声抱歉，说路面简直像麻子一样。另一个导游却诗意盎然地对游客说：诸位先生女士，我们现在走的这条道路，正是赫赫有名的伊豆“迷人酒窝大道”。

人生也是这样，当你被一件事情困扰的时候，想没想过换一种方法来解决它呢？我们每个人，无法主导生命，却可以“改编”生活。那个时候，你会觉得生活是一种很诗意的劳作，而并不仅仅是从一个肩膀到另一个肩膀的疼痛。

生命中没有导演，无法为自己的人生进行彩排，但我们可以是编剧。尽管每个人的生活都会是一本陈年旧账，但我们可以把它变成我们想要的体裁：那些风花雪月可以改编成诗歌，那些柴米油盐可以改编成散文，那些坎坷和灾难可以改编成小说……让你的人生时而像水一样流淌，悠闲而又充满诗意；时而又像山路一样跌宕起伏、峰回路转、柳暗花明。

生活是一座杂乱无章的素材库。我们要做的，就是努力使自己成为一个优秀的编剧。

（摘自《中国青年》2008 年第 5 期）

1977，我参加高考

吕　游

听到恢复高考的消息，我正在一个农场的土地上挥汗如雨。

1977 年 10 月 21 日，当我从广播里听到中断了十多年的高等院校恢复招生的消息后，激动得彻夜难眠。第二天，我连忙把这一消息告诉几位好友，谁知他们早已知道了。我们在一起彻夜长谈，谈未来谈理想，一直谈到天明。人生能有几回搏，改变我们这一代人命运的只有高考，大家都决定去搏上一搏。

我们这座位于豫北的小城十分闭塞，突然要高考了，很多人一点儿思想准备也没有。特别是又得知这次高考将在 1977 年 11 月 18 日至 24 日报名，12 月 8 日至 9 日考试，仅剩下一个多月的复习时间时，人们更是手忙脚乱。谁也不知这次高考究竟从哪复习，重点是什么，到处都在疯了似的寻找复习资料。当年上学的课本不是被烧就是当破烂卖了，幸好我上中学时的一些课本还未丢掉，我连夜步行十多公里跑回家翻箱倒柜找了出来。还借了别人一本两人伙用，我看完后再跑十多公里给他送去。母亲为了我少跑路，便用五天六夜时间把那本三百多页厚的书全部抄了下来。当我从母亲手中接过那厚厚的手抄本时，眼睛立时湿润了。没想到几天后，农场的一个知青竟趁我出工不在屋时把我的那些复习资料全偷走了。我立即扒了辆拉煤车追了七八公里才把他追上，幸亏当场人“赃”俱获，不然他就死不承认。而让我至今仍忘不了的是，另一位知青却主动给我送来了几本复习资料，我一看，正是我所急需的。他说：“反正我也不参加高考，你觉得有用你就拿去用吧！”（可后来听说那次高考他也参加了）前面一个曾是我的好朋友，后面一个我至今还叫不出他的名字。

由于上级有文件，对参加高考的知青规定半天劳动、半天复习。可没过多久，我所在的冷泉农场头头又突然宣布，让我们每天凌晨三点钟起来参加当时鹿楼公社组织的柴厂冈平整千亩土地大会战，并欺骗我们说上面根本没有“半天劳动、半天复习”那样的规定。当时，可真把我急死了，一个月的复习时间就够紧张了，现在连这一点儿可怜的时间都要被剥夺了，让我们如何去应考？此时，我是呼天天不应，叫地地不灵，可又有什么办法呢？从此以后，每天凌晨三点钟，天还是漆黑漆黑的，伸手不见五指，我们知青宿舍的门便被一个个“咚咚咚”地砸响了，几辆拖拉机便把我们拉到六七里地外的一座山冈上，我们的任务就是把这座山冈挖平，修建成“大寨式”的梯田。

每天，我们在山冈上挥汗如雨，一直干到夜色降临。晚上，才是我们的复习时间。那时农场经常停电，我与同住一室的两个知青便围坐在一盏昏暗的煤油灯下复习。由于天气寒冷，刺骨的北风飕飕地往屋里钻，屋内好似冰窖，我只好在身上披上一条露着棉絮的旧被子。时间长了，煤油灯的煤油味太大，熏得难受，我又不得不戴上一只大口罩……我的两个同伴捧着书看着看着都先后栽在了桌上，他们“呼呼”睡着的时候，手里还紧紧攥着课本。我怕睡着，一次次用凉水洗脸、浇头，以便能强打起精神。一次为了弄懂一个问题，晚上下工后我步行十几公里去请教一位中学老师，连夜赶回来才刚刚躺下，门又被敲响了。强体力的劳动，加上每晚的复习，身心极为疲惫，已经达到了极限，凌晨三点钟的门若不是被带队干部一遍遍地脚踢砖砸，甚至一些门都已经被砸烂了，是很难震醒那些才睡着的知青的。一次，同屋的一个知青见我睡得太晚了，实在不忍心喊醒我，独自悄悄走了。我醒后吓了一跳，不参加“大会战”那可是政治问题，但那天却平安过去了，原来任小组长的他谎称我生病把带队干部蒙了过去。

为了能挤出一点儿可怜的时间，在“会战”工地上，我专挑那些别人不愿干的比较累的推土的活儿，以便趁别人往车上装土的短暂几分钟空隙里，能悄悄看上一眼书，记上一个词，或背上一个公式。我还把一些复习要点抄写在小硬纸片上，插在推土的车上，边推车边背，一次背入迷了，差点儿连人带车摔下深沟。不久，片上开批判大会，停工半天，全体知青一早来到会场。趁着人多杂乱我与一位同伴悄悄溜了出去，钻进附近一个瓜棚，躺在乱草堆里，难得复习了半天数学。后来，一个小头头发现我干活儿时老是带着本书，没能一心搞“会战”，大为不满，上去夺过我的书就要撕，我立时发疯似的冲上去就要与他拼命，他才不得不把书又还给了我。一天，与我一起干活的两个知青悄悄把我拉到一边，十分认真地对我说：“今后，凡是你的活儿我们两个人轮流替你干，你就省下些时间多看会儿书吧！”“不，不，你们不是也要去考吗？这可是改变命运的机会啊！”谁知他们竟说：“唉，反正我们考上的希望也不大，与其大家都耽误，还不如多帮帮你！”我一听这话，眼泪一下子涌了出来。当时农场供应的灯油都是定量的，几个知青见我成天熬夜复习，想到灯油肯定不够用，便先后将自己的灯油悄悄给我送来。这一点儿灯油在现在看来根本算不了什么，可在当时却让我泪流满面。

离高考只有短短几天了，农场头头还不肯放过我们，还让我们每天凌晨三点起来像牲口一样地去干活儿。幸亏上面及时下了通知，让所有参加高考的知青回家准备三天，我才有了三天金子般的复习时间。但三天时间毕竟太短了，想好好复习一下根本无法办到，这时我竟想，若有人能给我一个月的复习时间，哪怕让我给他当两年长工我都情愿交换。离开农场那天，知青们帮着我们参加高考的人在公路边拦了一辆拉煤的大卡车。当时农场到市区十公里，车票仅两角钱，可我们知青却坐不起。

十年“文革”后的第一次高考，报考的人特别多，当时在我们这个很小的城市里就有4000多名考生，最小的16岁，最大的30岁。我的准考证号是3165，这是我一辈子都不会忘记的数字。1977年12月8日，当我踏进鹤壁市第四中学考点，望着那一群群匆匆赶来参加考试的年龄悬殊的考生，心情久久难以平静。上午8时15分，一阵清脆的铃声响彻校园，一场令当年应试的人们一辈子也不会忘记的考试开始了。记得那年河南语文试卷的作文题有两个：一是《为抓纲治国的大好形势而拍手叫好》；二是《我的心飞向了毛主席纪念堂》作文满分70分，占了语文试卷的一大半。

考试那两天，我每天都是天不亮就起床，饭也顾不上吃，慈祥的母亲总是把饭热了一遍又一遍，我常常边看书边随便吃上几口。长期的重体力劳动，使我的身体极度虚弱，考试第二天脚竟肿得无法走路，是父亲用自行车把我推到了考场。当我坐在自行车后座上，看到日渐衰老的父亲在寒风中吃力地推着我一步步走向考场时，一股说不出的酸楚涌上心头，我第一次发现父亲头上竟有那么多白发。到了学校门口，自行车不让进校门，可离考场还有一段距离，眼看考试时间就要到了，父亲二话没说，背起我就往考场奔去，一百多斤重的我压得父亲大汗淋漓，至今我还时时能感觉到父亲那吃力的喘气声。

高考过后不久，消息传来，在全市4000多名考生中有100多人上了录取分数线（当时录取率非常低，只有4%），我竟名列前茅。可我并未兴奋多长时间，直到最后，当得知我彻底与大学无缘而被硬塞入一所中专时，犹如一盆冰水倾头浇下，一个下午都没回过神来，仿佛世界在这一刻倾覆了。（后来我才得知，因父亲当时还未平反昭雪，我在政审中受到了牵连……）这一天，是我一生中永远也不会忘记的一天。一个八九岁的孩子常常遭人打骂、侮辱；后来，入团、入伍，招工回城，一次次没有份。如今旧伤未去，新痛又来，真是欲哭无泪、欲喊无声。我曾气呼呼地坐火车跑到省有关部门想问个明白，可走到大门口却停住了，脚像生根似的怎么也迈不进去。

而今，近三十年过去了，我仍保存着北京大学当时给我的来信：

吕洪军同志：

你这种迫切要求深造为祖国多做贡献的精神，诚属难能可贵，值得赞佩。奈我校不能直接招收新生，须由各有关省、市在党统一领导下办理，因此，此次新生的录取与否，我校是无能为力的。请谅解。

此致

敬礼

北京大学中文系

（摘自《散文》2006年第10期）

我们挥汗如雨，我们只收获心情的平静

徐敬亚

在一群人中开一个临时舞会，大家会笑语声声，或翩翩起舞，或矜持旁观。舞曲一停，一群人相互握手后便纷纷散去。但如果突发奇想，把这些人改编成一支军队去参战，或集合成一队劳工去开发荒岛，让他们几十年的时间聚在一起。这群人中立刻会或卑或尊，出现类似“阶级”的局面。其中必站出领头喊号者和踱步于作战地图前的指挥者。首领的周围也必涌出端茶倒水、烹煮食物和跑腿学舌者，而更多的人会在烈日下挥汗如雨，在硝烟中迎着子弹冲锋。当然，也必有违令者被厉声斥责，有重罪者被强行推出队列施以刑罚。

东西方的人都相信“人”最初是由泥土制造而成。如果女娲负责在东方造人，那么她在乱甩泥点时，必用力不均。而在西方按自己的模样用黄泥捏造人形的上帝，他的作坊里不仅用料粗糙，而且缺少统一的模具。因此人类在肢体和智力上从来没有平等过。上、中、下三种人，像一个两端尖尖的橄榄球，旋转了几千年。

作为生物，人一生中不停地活动着四肢，如同马的飞奔、鱼的游动和猴子的蹦跳逃窜，大多数人的这种苦累劳作，连造物主也无可厚非。最令人不平的，是那数量不多的人上之人与人下之人。阶级论者最早对此提出了抗议。

区区几个上蹿下跳的人，使一群又一群的人不安。

人类最早的分野，一定是由某一双手臂或脚板带来的。它们，必格外粗大。是它们格外有力的肌肉，使同伴五体投地。获得尊敬的其次因素是智慧，智慧之后是阴谋。有了阴谋的秘密策划与可怕的陷阱，才有了阿谀奉承。有了奉承者无耻的笑容，才激怒了坦诚者敏锐的自尊。这是某些尊卑形成的框架。

在最高的椅子上，也确有优越的遗传授领者、后天不倦者。同时，无法抵御的欲望，也诱使某些人负着恶行“主动”地进入罪人的行列。

一群人，究竟应该由哪几个人来带领？这是一个非常简单的问题。正像电视中的动物世界，这只需要进行一项确认：人类最优秀的素质，在哪几个人身上最集中地具备？

为了回答这个最简单的问题，人类在数千年的历史上，费了无数的心血、书籍，还有刀箭、长矛与子弹。

力量，很早就让位于计谋。三国时的吕布力大无穷，在曹操面前，他只是一张可以随时被折断的强弓。而智慧、学识、计谋乃至与阴谋的斗争，则一直源远流长。这其实是一个十分重大的斯芬克斯之谜：正直与卑劣，可能站在同一个智慧的高度上进行搏斗。而这就是令文明最头疼的“善”与“恶”的斗争——虽然几千年以来，在人类的史册上，都千篇一律地写满正义与良知，但胜利的，往往并不是它们。至于那令人称道的学识，从来都是赢家喜报上的金字，权力的手杖常常需要刻上精致诱人的雕纹。

财富像水一样流入某一只手中，它必有一条顺流直下的通道。一只屁股稳稳地坐上高台，它必须用有力的扭动把其他的急切者狠狠地挤走。人类的史书上也许永远不会写出更多的秘密。更多的秘密，都在地狱的最深处——那些只有昔日的得势者才知道的、妙手偶得式的诀窍，是不便说出的。

20 世纪以来，人类忽然格外明智。潜意识学说最先饶恕了罪恶，存在主义把错误推回给每个人自己，道德相对主义则看着一切都不再生气!

在那高耸入云的尖端，让那几个人去挤吧。即使不由他们发出命令，上帝也会代替某种残忍。我们，和更多的人一起，只把视野深深地埋入地平线。我们挥汗如雨，我们只收获心情的平静。

（摘自《南方都市报》2004 年 12 月 30 日）

致谢

这是一个追逐梦想并能实现梦想的时代！

2012年11月，党的十八大召开后中国进入了一个新的历史阶段，政治、经济、思想文化等领域发生了深刻的变化。社会主义核心价值观作为评判是非曲直的价值标准成为我们国家和民族的精神追求和价值观目标。对转型期的中国而言，它具有凝聚共识、强基固本、精神引领的重要作用。我们只有以它为价值观引领，才能在国家和民族的精神重塑过程中实现“人民有信仰，民族有希望，国家有力量”。弘扬和践行社会主义核心价值观是每一个中国人心中的梦想，更是我们读者人的梦想！

被誉为“中国人心灵读本”的世界知名文化品牌“读者”以其“清新、隽永、朴实、平民”的风格和追求“真、善、美”的价值观标准得到了千万读者的认同和青睐。身为读者人，我们试图以《读者》的风格和叙事方式，用一篇篇美文来诠释我们推崇和倡导的社会主义核心价值观，让它在每一个中国人心中生根、发芽、结果。于是便有了《读者丛书·社会主义核心价值观读本》这套丛书。丛书围绕“富强、民主、文明、和谐、自由、平等、公正、法治、爱国、敬业、诚信、友善”这一社会主义核心价值观内容，从各种图书、报刊、网站上精选了600多篇美文汇编成12册，每册突显一个主题，为读者奉上一份精神佳肴和文化大餐。

在丛书策划、编辑出版过程中，中共中央宣传部、国家新闻出版广电总局高度重视，将该丛书列入2017年主题出版重点出版物；中共甘肃省委宣传部、甘肃省新闻出版广电局以及读者出版集团、《读者》杂志社积极指导我们编好丛书，在此表示最诚挚的感谢！与此同时，我们也得到了很多作者的理解和大力支持，他们对作品的授权选编和对编辑丛书的认可使我们消除了后顾之忧，对此，我们也献上最诚挚的谢意和祝福。虽然我们极力把工作做得更细更实，但依然有一部分作者我们未能联系到，对此我们深表歉意，也请这些作者见到图书以后与我们联系。甘肃人民出版社（甘肃省兰州市读者大道568号，730030，肖林霞，0931—8773304）。

《读者丛书》虽然出版了，但身为编者我们并没有一种如释重负的感觉，而是诚惶诚恐，唯恐辜负了广大读者的厚望。因为丛书编辑中还存在很多纰漏和不足，在此恳请广大读者批评指正并提出宝贵意见。我们也真诚希望社会各界朋友、各位作者和广大读者一如既往地关心和支持我们，你们的支持是我们前行的动力！这套丛书也是送给我们这个时代和广大读者在筑梦路上的一份礼物！

我们正向自己的梦想靠近！

读者丛书编辑组

2017年6月